para minha mãe, meu pai e Craig, sem os quais este livro não existiria

Título original: *Pie*

Publicado originalmente na Grã-Bretanha em 2006 pela Cassell Illustrated, 2-4 Heron Quays, Londres E14 4JP, uma divisão do Octopus Publishing Group Limited.

Coordenação do projeto: Publifolha
Editora assistente: Fabiana Medina
Produtora gráfica: Samantha R. Monteiro

Produção editorial: Editora Página Viva
Edição: Carlos Tranjan
Preparação: Soraia Cury
Tradução e consultoria: Janaina Ghoubar
Diagramação: Catharine Rodrigues
Revisão: Maria Prado

Edição original: Octopus Publishing Group
Direção de arte e design: Vanessa Courtier
Produção de receitas: Angela Boggiano
Gerente editorial: Anna Cheifetz
Assistente da autora: Jules Mercer
Fotos das receitas: Craig Robertson
Fotos das locações: Vanessa Courtier

Nota do editor
Apesar de todos os cuidados tomados na elaboração das receitas deste livro, os editores não se responsabilizam por erros ou omissões decorrentes da preparação dos pratos. Pessoas com restrições alimentares, grávidas e lactantes devem consultar um médico especialista sobre os ingredientes de cada receita antes de prepará-la. As fotos deste livro podem conter acompanhamentos ou ingredientes meramente ilustrativos.

Observações
- Use sempre ingredientes frescos
- O forno deve ser preaquecido na temperatura indicada na receita

Equivalência de medidas
- 1 colher (chá) = 5 ml
- 1 colher (sopa) = 15 ml
- 1 xícara (café) = 250 ml

Dados Internacionais de Catalogação na Publicação (CIP)
(Câmara Brasileira do Livro, SP, Brasil)

Boggiano, Angela
Tortas caseiras : receitas doces e salgadas / Angela Boggiano ; fotos de Vanessa Courtier e Craig Robertson. – São Paulo : Publifolha, 2014.

Título original: Pie.
ISBN 978-85-7914-505-6

1. Receitas 2. Tortas (Culinária) I. Courier, Vanessa. II. Robertson, Craig. III. Título.

14-10156 CDD-641.8653

Índices para catálogo sistemático:
1. Tortas : Receitas : Culinária : Economia doméstica 641.8653

Este livro segue as regras do Acordo Ortográfico da Língua Portuguesa (1990), em vigor desde 1º de janeiro de 2009.

PUBLIFOLHA
Divisão de Publicações do Grupo Folha
Alameda Barão de Limeira, 401, 6º andar
CEP 01202-900 São Paulo, SP
Tel.: (11) 3224-2186/2187/2197
www.publifolha.com.br

Impresso na C&C Offset Printing, Co., Ltd., China.

TORTAS CASEIRAS

Receitas doces e salgadas

ANGELA BOGGIANO

fotos de Vanessa Courtier e Craig Robertson

PUBLIFOLHA

sumário

introdução 6
e breve história das tortas

massas básicas 10
receitas das massas básicas: massa podre, massa doce, massa de queijo, massa semifolhada, massa de água quente, massa integral; problemas, soluções e dicas no preparo de tortas

tortas salgadas 26
receitas clássicas e recheios salgados assados em fôrmas refratárias fundas; tortas assadas em pratos de ágata com cobertura de massa podre e semifolhada

tortinhas e petiscos 74
as melhores opções para piqueniques, festas e almoços, como rolinho de linguiça, samosa, folhados e tortinhas

tortas especiais 108
delícias para ocasiões especiais com decorações, bordas e formas elaboradas

tortas doces 132
uma seleção apetitosa de diferentes tipos de torta de fruta, inclusive a tradicional torta inglesa de Natal

acompanhamentos 182
as opções tradicionais indispensáveis: purê de batata, purê de ervilha, molho gravy e, claro, creme inglês

índice 188
e agradecimentos

“Sempre fui apaixonada por tortas. Adoro prepará-las, comê-las, ver outras pessoas colocando as receitas em prática. Gosto muito de falar sobre esse assunto e acho que foi esse o principal motivo que me fez escrever este livro. Percebi que as tortas têm uma forte conotação afetiva para muita gente. Quase todo mundo tem uma receita favorita, e com ela surgem as histórias, em geral sobre um familiar ou sobre uma lembrança de infância. Curiosamente, as prediletas costumam ser as mais simples, como a torta de maçã preparada por uma tia ou a de carne comprada na rotisseria do bairro. Os melhores ingredientes desses pratos me parecem ser a nostalgia e as boas memórias associadas à história pessoal.

À medida que fiz minhas pesquisas, percebi como o preparo de tortas é importante na cultura inglesa. A riquíssima tradição na Grã-Bretanha abrange dos recheios de carne de caça aos pastéis da Cornualha. É fácil entender por que os ingleses gostam tanto de tortas: substanciosas, quentinhas e versáteis, elas consistem em uma refeição completa e podem ser consumidas em diferentes momentos, inclusive em piqueniques. Para mim, a torta é a melhor invenção do mundo – e espero não ser tachada de fanática por isso!

Além de receitas saborosas, este livro traz informações sobre antigos e atuais mestres na arte de fazer tortas – do importantíssimo legado das tradicionais lojas especializadas em tortas e purês aos estabelecimentos atuais e seus recheios adaptados ao paladar contemporâneo. Por essa razão, esta obra inclui uma seleção de receitas tradicionais, como as tortas stargazy e de massa de água quente, e de versões modernas, com recheios deliciosos de cordeiro, abóbora e hortelã ou legumes ao curry, por exemplo.

As tortas não precisam de recheios sofisticados ou de uma lista interminável de ingredientes para serem gostosas. Porém, não se deve descuidar da qualidade dos ingredientes utilizados, por mais simples que sejam. Uma torta deliciosa só é possível com produtos de ótima qualidade. Ao escolher uma boa carne, por exemplo, é desnecessário complicar o preparo, já que o simples cozimento lento é suficiente para deixá-la saborosa. Tente também comprar sempre queijos típicos, legumes e frutas da estação – assim, o sucesso estará garantido.

Fazer uma torta apetitosa traz imensa satisfação. O preparo exige um pouco de tempo e trabalho, e talvez por isso o sucesso tenha um sabor especial. Qualquer pessoa pode tomar os cuidados necessários ao preparo de tortas, não havendo assim motivo para desânimo ou desistência. Espero que as receitas deste livro comprovem isso. Meu maior desejo é estimular o resgate da arte de fazer tortas, para que suas fascinantes histórias e tradições não se percam com o tempo. Pegue o avental e mãos à massa! ”

brevehistória

Desde que as receitas começaram a ser catalogadas, as tortas adquiriram papel especial na história da culinária – ainda mais na Inglaterra, país que melhor representa a excelência e a tradição no preparo dessas iguarias. Da Idade Média às receitas suculentas do século XVIII, as tortas foram se tornando um patrimônio culinário que continua a se expressar nos dias de hoje.

Porém, segundo evidências históricas, a torta não foi inventada na Inglaterra, mas no Egito. De lá, as receitas rumaram para a Grécia, depois para Roma e, a partir daí, para toda a Europa. Nas receitas mais antigas, a massa nunca era consumida, servindo somente como recipiente descartável para os cozidos suculentos. Apesar de serem jogados fora ao término da refeição, os recipientes de massa eram decorativos, consistindo em verdadeiras esculturas. Chamadas de *subtleties* na Inglaterra medieval, elas eram utilizadas como centro de mesa nos banquetes. Foram os ingleses que inovaram a receita da massa de torta, substituindo o azeite das receitas romanas por sebo ou banha (e, mais tarde, por manteiga). Essa mudança refinou a massa, melhorando sua consistência e seu sabor, além de torná-la apetitosa.

As tortas são ótimas porque permitem o cozimento de uma ampla variedade de alimentos sob uma camada de massa – daí o seu sucesso nas refeições em família ou nas recepções suntuosas. O que varia são os ingredientes utilizados. Na Idade Média, a torta mais simples era feita com miúdos de cervo e consumida por pessoas modestas. Já nos jantares da nobreza eram servidas versões preparadas com carne de veado ou frutas da estação.

Cada vez mais as pessoas se rendem aos encantos das tortas, pois, além de deliciosas, elas são versáteis, fáceis de assar e de transportar. Graças à descoberta de que a adição de manteiga clarificada à massa deixa a iguaria fresca por mais tempo, as tortas atuais resistem ainda mais às viagens.

Depois que os ingleses levaram suas receitas de torta para os EUA e a Austrália, elas se disseminaram pelo mundo. A atual variedade de massas e recheios salgados e doces é a prova do alcance da rica e longínqua herança culinária, que continua a inspirar a criação de novas e deliciosas receitas.

massasbásicas

Para mim, a melhor parte da torta é a massa crocante e dourada – assim, quanto mais cobertura tiver, melhor. Preparar tortas não é complicado, basta seguir algumas regras simples e dominar as técnicas básicas. Não é à toa que os ingleses têm o ditado "tão fácil quanto uma torta" ("as easy as pie"). Vale muito a pena fazer uma torta em casa, pois o sabor e a consistência são bem melhores do que os das versões industrializadas. Com um pouco de dedicação, é possível preparar uma autêntica, como aquelas vendidas nas lojas especializadas em Londres. Para isso, é preciso seguir uma série de etapas que não podem ser ignoradas – mas ainda assim o preparo pode ser descomplicado, desde que se tenha paciência e cuidado.

Eis as regras de ouro para uma torta caseira perfeita:

1 Não trabalhar demais a massa

2 Manter a massa gelada

3 Assar a torta na temperatura indicada

o necessário para preparar uma torta

Mãos Mãos frias são os utensílios mais valiosos para o cozinheiro.

Farinha A farinha de trigo branca é a mais usada para massa podre. A de trigo com fermento deixa a massa mais macia e crocante, porém mais difícil de abrir, pois sua consistência é granulosa.

Utilize farinha de trigo rica em glúten ao preparar massas semifolhadas, folhadas e aeradas. No preparo de massa com água quente, prefira a farinha de trigo especial para pães (pois será preciso alto teor de glúten para modelar a massa). A melhor maneira de armazenar farinha é guardá-la dentro de sua embalagem (para controlar a data de vencimento), em local frio e seco. Evite misturar a farinha de um pacote recém-aberto com a estocada na despensa.

Gordura A gordura é um elemento muito importante no preparo de tortas, por conferir consistência e sabor à massa. Sempre calcule a gordura com precisão: o excesso deixará a massa muito quebradiça, dificultando o manuseio e a abertura, e a falta endurecerá a massa. A banha é um ingrediente essencial no preparo da massa de água quente.

O ideal é utilizar banha e manteiga no preparo da massa podre, pois a banha empresta à massa uma consistência leve e crocante, enquanto a manteiga contribui para o sabor. Não pense em substituir a manteiga por margarina, pois esta, muito rica em água, endurece a massa. Lembre-se de usar gordura gelada, mas não dura demais – como a tirada há pouco da geladeira –, que dificulta o preparo da massa.

Ovos As gemas são usadas para enriquecer a massa, como no caso da massa podre especial. Os ovos são também utilizados para pincelar a superfície das tortas, especialmente as salgadas. A receita ideal para dourá-las é uma mistura de quantidades iguais de gema e água e a adição de uma pitada de sal.

Líquido A água é o ingrediente mais comum no preparo de tortas, mas algumas receitas podem levar leite. A adição de sour cream ou iogurte deixa a massa mais macia, ideal para as receitas de carnes e patês envoltos em massa. Uma massa feita com grande quantidade de gordura e de gemas dificilmente precisará de água. Na maioria das receitas, os líquidos devem estar gelados, para que não derretam a gordura presente na massa, amolecendo-a. A massa de água quente é uma exceção a essa regra, já que a gordura e o líquido são acrescentados aquecidos. Cuidado ao adicionar líquido à massa: o excesso vai deixá-la grudenta e difícil de abrir; a falta a tornará seca e quebradiça.

Recipientes Utilize um prato fundo de ágata para preparar tortas com base e cobertura de massa. Costumo usar pratos esmaltados, que são recipientes baratos para assar tortas, vendidos em diversos tamanhos. Fôrmas refratárias de cerâmica não conduzem bem o calor e, por isso, impedem que a base da torta fique crocante.

Algumas fôrmas refratárias para torta podem ter bordas grossas. Normalmente rasas, elas também são indicadas para assar tortas com menos recheio, compostas de base e cobertura.

As fôrmas refratárias fundas de cerâmica, ovais ou redondas, são perfeitas para tortas salgadas ou doces com recheios fartos e suculentos, sem base e apenas com cobertura de massa.

As fôrmas caneladas ovais fundas são perfeitas para as tortas de carne bovina ou de caça. As com aro removível são ainda mais práticas, já que permitem desenformar com facilidade. Além disso, o desenho canelado dessas fôrmas dá um aspecto bonito às tortas quando desenformadas.

Chaminé (ou funil) para tortas Esse tubinho de cerâmica serve como chaminé à medida que a torta assa, deixando o vapor escapar e, assim, evitando que a massa fique encharcada. Além disso, fornece um suporte extra à cobertura de massa. Incomum no Brasil, pode ser encontrada no eBay (itens de colecionador) ou substituída por um rolinho de papel-alumínio.

Assadeiras Uma assadeira de fundo grosso é o utensílio necessário para assar adequadamente a base da torta, deixando-a crocante. Depois de preaquecer a assadeira por 15 minutos, coloque sobre ela a fôrma com a torta e recoloque no forno. O calor da assadeira vai deixar a base da torta crocante. Além disso, a assadeira protege o forno, caso o recheio borbulhe e transborde.

Rolo de macarrão Imprescindível no preparo de tortas. O rolo de madeira grosso e pesado é o ideal para abrir as massas. Antes de fazê-lo, verifique se a massa está gelada e se o rolo está ligeiramente enfarinhado. Seguindo essa técnica, não há o risco de acrescentar farinha demais ao abrir a massa, tornando-a seca e quebradiça. Abra fazendo movimentos suaves, para não esticá-la demais e, assim, endurecê-la. Sempre deixe a massa podre na geladeira antes de abri-la. Isso fará com que a rede de glúten "relaxe", impedindo que encolha durante o cozimento.

pesos e medidas

Quando uma receita pede 300 g de massa, isso significa que ela deve ser feita com 200 g de farinha de trigo, pois o peso total da massa inclui a gordura (por exemplo, uma massa feita com 300 g de farinha tem o peso final de 450 g).

200 g de farinha de trigo = 300 g de massa de torta · 300 g de farinha de trigo = 450 g de massa de torta · 400 g de farinha de trigo = 600 g de massa de torta

torta coberta de massa 300 g de massa são suficientes para cobrir um refratário com capacidade para 600 ml · 400 g são suficientes para cobrir um refratário de 1,5-2 litros · 600 g são suficientes para cobrir um refratário de 2,5 litros

torta forrada e coberta de massa 300 g de massa são suficientes para forrar e cobrir uma fôrma de 18 cm de diâmetro · 450 g são suficientes para forrar e cobrir uma fôrma de 23 cm · 600 g são suficientes para forrar e cobrir uma fôrma de 30 cm

massa podre

Essa é uma massa resistente e fácil de abrir. Para prepará-la, multiplique a quantidade de gordura por dois e terá a quantidade de farinha necessária. Junte também um pouco de líquido para ajudar a formar a massa. Já testei outras proporções, mas essa me parece a melhor.

Simples e versátil, essa massa é perfeita para o preparo de tortas doces e salgadas. Para uma massa leve, crocante e saborosa, preveja quantidades iguais de manteiga e banha de porco. Caso prefira não consumir banha animal, substitua-a por banha vegetal (existem várias marcas no mercado). Para preparar massa doce, acrescente 2 colheres (sopa) de açúcar à receita abaixo.

rende 300 g

200 g de farinha de trigo · uma pitada de sal · 50 g de manteiga · 50 g de banha (de porco ou vegetal) · 2-3 colheres (sopa) de água

Misture a farinha e o sal em uma tigela. Corte a manteiga e a banha em cubinhos e adicione à farinha. Incorpore a gordura e a farinha com a ponta dos dedos, até obter uma farofa grossa. Despeje a água aos poucos, misturando com a ajuda de um garfo. Quando a massa começar a agregar, trabalhe-a ligeiramente com as mãos, até formar uma bola. Embale em filme de PVC e deixe na geladeira por, no mínimo, 15 minutos. Conserve na geladeira por até 2 dias. Você também pode congelar a massa até o momento de usar, por até 3 meses.

Acrescente especiarias, ervas frescas ou nozes picadas a essa receita de base.

massas folhadas e semifolhadas

Preparar esse tipo de massa é trabalhoso e demorado, por isso muita gente acaba cedendo à tentação de comprá-las. Algumas massas prontas são realmente boas; porém, para incentivar o preparo de massa folhada e semifolhada em casa, resolvi dar aqui somente receitas simples. A massa folhada é muito delicada e crocante, graças ao alto teor de gordura, o que dificulta um pouco o preparo. No entanto, como no caso das outras massas, com um pouco de prática é possível fazer receitas folhadas perfeitas.

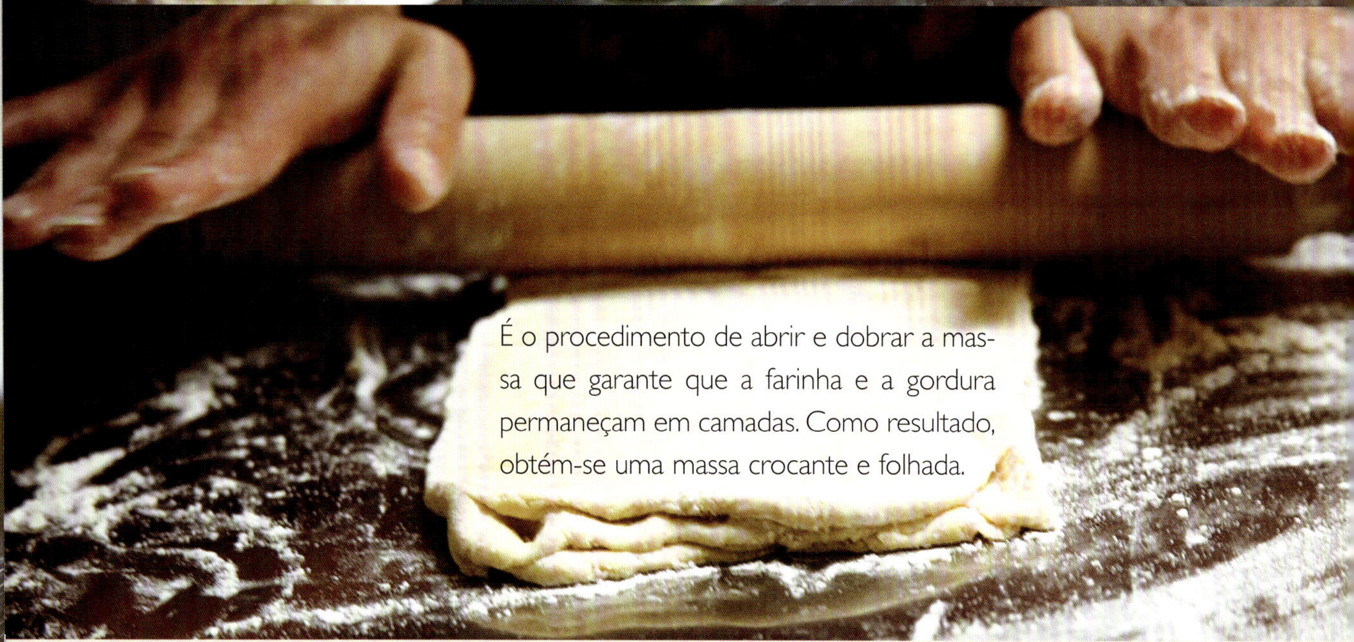

É o procedimento de abrir e dobrar a massa que garante que a farinha e a gordura permaneçam em camadas. Como resultado, obtém-se uma massa crocante e folhada.

massa semifolhada

Se vai despender tempo, esforço e dinheiro para rechear a torta, nada mais natural do que cobri-la com uma massa maravilhosa, e essa é a mais indicada. Claro que ela se destina a ocasiões especiais. Depois de assada, fica parecida com a massa folhada, mas tem menos camadas. Nessa receita, a gordura é espalhada sobre a massa aberta, o que cria "bolsões" de ar e ajuda a separar as camadas.

rende 400 g

200 g de farinha de trigo · 1/4 de colher (chá) de sal · 75 g de manteiga em temperatura ambiente · 75 g de banha (de porco ou vegetal) amolecida · 150 ml de água · 1 colher (chá) de suco de limão-siciliano

Peneire juntos a farinha e o sal. Em uma tigela grande, misture a manteiga e a banha e divida em quatro porções iguais. Acrescente uma das porções de gordura à farinha, assim como a água e o suco de limão, e misture até formar uma massa macia.

Abra a massa em um retângulo de 30 cm x 10 cm. Distribua outra porção de gordura sobre dois terços da massa aberta. Dobre o lado sem manteiga sobre metade do lado com manteiga. Vire o retângulo de massa em 90 graus. Aperte a massa nas beiradas do retângulo, para não deixar a gordura escapar. Abra a massa de novo e repita a operação até incorporar toda a gordura. Deixe descansar por 5 minutos depois de fazer cada uma das dobras. Embale a massa em filme de PVC e reserve na geladeira por, no mínimo, 30 minutos.

Quando for preparar a torta, abra a massa até obter a espessura de 3 mm. Se aquecer e começar a grudar, embale-a em filme de PVC e coloque-a novamente na geladeira por 15 minutos antes de continuar a abri-la.

massa semifolhada rápida

Essa massa é extremamente simples de fazer e dá ótimos resultados. É preciso apenas congelar a manteiga com antecedência. Nessa receita, em vez de distribuir porções de manteiga sobre a massa, rale-a sobre a farinha. Com essa técnica, obterá o mesmo sabor e a mesma crocância da massa semifolhada, mas não a mesma leveza.

rende 450 g

200 g de manteiga · 350 g de farinha de trigo · uma pitada de sal · 6 colheres (sopa) de água gelada

Deixe a manteiga no freezer por 20 minutos, até ficar bem dura. Peneire juntos a farinha e o sal em uma tigela. Segure a manteiga com um pedaço de papel-manteiga e rale rapidamente sobre a tigela com a farinha. Misture a manteiga e a farinha, despeje a água e trabalhe rapidamente a massa, até formar uma bola, acrescentando um pouco mais de água, se necessário. Embale em filme de PVC e refrigere por 30 minutos antes de usar.

massa folhada rústica

O preparo dessa massa é ainda mais simples que o da folhada e o da semifolhada rápida. Ela se presta perfeitamente a tortas de recheio substancioso. O resultado é muito recompensador.

rende 400 g

200 g de farinha de trigo · 1/4 de colher (chá) de sal · 75 g de manteiga · 75 g de banha (de porco ou vegetal) · 100 ml de água gelada · 1 colher (chá) de suco de limão-siciliano

Misture a farinha e o sal. Corte a manteiga e a banha em pequenos cubos (o diferencial no preparo dessa massa). Incorpore a gordura e a farinha até obter uma farofa bem grossa. Acrescente a água e o suco de limão e trabalhe a massa ligeiramente, até formar uma bola.

Em uma superfície de trabalho enfarinhada, abra a massa em um retângulo de 30 cm x 10 cm. Dobre o lado sem manteiga sobre metade do lado com manteiga. Vire a massa em 90 graus e aperte bem as beiradas. Repita a operação quatro vezes. Deixe a massa descansar por 15 minutos depois de fazer cada uma das dobras. Embale em filme de PVC e reserve na geladeira por 30 minutos antes de usar.

massa de batata

Essa massa substanciosa fica levemente quebradiça depois de assada. Abra-a com espessura grossa e utilize-a para cobrir tortas com recheio de carne.

rende 400 g

100 g de batata farinhenta (como asterix e monalisa) descascada e cortada em cubos · 100 g de manteiga cortada em cubos · 200 g de farinha de trigo · 1 ovo batido

Cozinhe os cubos de batata em água fervente com um pouco de sal, até ficarem macios. Escorra e amasse-os para fazer um purê liso. Misture a manteiga com a farinha até obter uma farofa. Misture o ovo batido com um pouco de água, despeje sobre o purê de batata e mexa. Junte o purê à farinha e misture com uma faca de ponta redonda até obter uma massa lisa e elástica. Embale a massa em filme de PVC e reserve na geladeira por 30 minutos antes de usar.

massa integral

Essa massa é preparada com proporções iguais de farinha branca e integral. A massa integral é rica em farelo de trigo, ficando por isso um pouco mais dura e pesada do que as que levam somente farinha branca. Acrescente a água com parcimônia, pois a farinha integral absorve líquidos – se exagerar na quantidade de água, a massa ficará muito dura.

rende 300 g

100 g de farinha integral · 100 g de farinha de trigo · uma pitada de mostarda em pó · uma pitada de sal · 100 g de manteiga · 2-3 colheres (sopa) de água gelada

Misture os dois tipos de farinha, a mostarda em pó e o sal. Corte a manteiga em cubos e adicione à farinha. Incorpore a manteiga e a farinha com a ponta dos dedos, até obter uma farofa. Despeje a água gradualmente, misturando com a ajuda de uma faca de ponta redonda. Quando a massa começar a agregar, trabalhe-a ligeiramente com as mãos, até formar uma bola. Embale em filme de PVC e reserve na geladeira por, no mínimo, 15 minutos.

massa de água quente

A água quente torna essa massa bem maleável e resistente. Ela é ideal para tortas com carne de porco, carnes de caça e de cordeiro (a exemplo da torta escocesa, p. 112). O acréscimo de um pouco de açúcar de confeiteiro enriquece a massa sem alterar o sabor.

rende 500 g

450 g de farinha de trigo · 1/2 colher (chá) de sal · 1 colher (sopa) de açúcar de confeiteiro · 1 ovo batido · 200 ml de água · 80 g de manteiga · 80 g de banha de porco

Em uma tigela grande, misture a farinha, o sal e o açúcar de confeiteiro. Faça uma cova no meio da farinha, despeje o ovo batido e cubra-o com os ingredientes secos. Coloque a água, a manteiga e a banha em uma panela e leve ao fogo baixo. Quando começar a ferver, despeje sobre a farinha e misture com uma faca de ponta redonda. Trabalhe a massa até ficar macia e homogênea. Utilize-a imediatamente, pois ela endurece depois de fria.

massa sem glúten

Já fiz essa receita várias vezes e sempre dá certo! Porém, como ela não contém glúten, não espere uma massa com a mesma elasticidade das receitas com farinha de trigo. Na verdade, o elemento responsável pela consistência sedosa das massas tradicionais é o glúten presente no trigo. O truque para preparar massas sem glúten é acrescentar goma xantana, comercializada em lojas de produtos naturais. Trata-se de um pó branco que, quando misturado às farinhas sem glúten e à água, deixa a massa macia, facilitando abri-la. A massa feita somente com farinha sem glúten ficará mais quebradiça e difícil de trabalhar, mas com paciência e prática é possível abri-la.

rende 300 g

75 g de farinha de arroz · 75 g de fubá · 75 g de fécula de batata · uma pitada de sal · 150 g de manteiga gelada cortada em cubos · 1 ovo · 2 colheres (sopa) de água gelada · 1 colher (chá) de goma xantana

Em uma tigela grande, misture a farinha de arroz, o fubá, a fécula de batata e o sal. Acrescente os cubos de manteiga aos ingredientes secos e incorpore-os com a ponta dos dedos, até obter uma farofa. Bata o ovo, a água e a goma xantana e despeje aos poucos sobre a mistura de manteiga e farinha. Não despeje todo o líquido de uma vez, pois pode conseguir formar uma bola de massa com menor quantidade. Isso é normal: a capacidade de absorção das farinhas pode variar. Transfira a massa para uma superfície ligeiramente enfarinhada e trabalhe-a por alguns minutos até que fique bem macia. Embale em filme de PVC e reserve na geladeira por 30 minutos antes de usar. Essa massa pode substituir a massa podre.

massa de processador

O preparo é simples e rápido. A utilização do processador é indicada no preparo de massas doces e salgadas muito ricas em gordura, já que evita o manuseio excessivo. O preparo em processador deixa a massa fria.

rende 300 g

200 g de farinha de trigo · uma pitada de sal · 2 colheres (sopa) de açúcar (em preparo de massa doce) · 50 g de manteiga gelada cortada em cubos · 50 g de banha cortada em cubos · 2-3 colheres (sopa) de água, para agregar a massa

Bata a farinha e o sal (e o açúcar, se estiver preparando massa doce) no processador por 4-5 segundos. Distribua os cubos de manteiga e banha sobre os ingredientes secos. Bata por mais 10 segundos, até obter uma farofa fina. Despeje a água e aperte o botão "pulsar" algumas vezes, até a massa começar a agregar. Ela não pode ficar muito seca nem muito úmida. Transfira para uma superfície de trabalho ligeiramente enfarinhada e trabalhe a bola de massa por alguns segundos. Embale-a em filme de PVC e reserve na geladeira por 30 minutos antes de usar.

guia de solução de problemas

problemas no preparo de massa podre

O fundo da massa encharcou Isso pode ter acontecido porque: 1) O recheio estava muito líquido. 2) A fôrma utilizada era grossa demais, não conduzindo bem o calor para a massa. 3) O forno não foi preaquecido suficientemente. 4) A torta foi colocada na grade superior do forno. 5) A torta foi tirada cedo demais do forno. Verifique se o forno atingiu a temperatura correta antes de inserir a torta e preaqueça a assadeira sobre a qual a fôrma vai ser colocada. O recheio precisa estar bem gelado, do contrário começará a soltar vapor, umedecendo o fundo da torta e encharcando a massa.

A massa assada encolheu A rede de glúten costuma ficar muito tensa depois que a massa foi aberta. Por isso, deixe-a descansar por, no mínimo, 30 minutos antes de assá-la. Leve-a ao freezer para impedir que encolha. Outra dica: não abra a massa com força ou insistência, pois ela tende a encolher ainda mais.

A massa está quebradiça e difícil de abrir Se acrescentar gordura em excesso, trabalhar demais a massa ou adicionar pouco líquido, ela ficará quebradiça. É imprescindível pesar os ingredientes com precisão e trabalhar pouco a massa.

A massa assada está dura Isso ocorre quando se acrescenta gordura ou líquido em excesso. Não trabalhe demais a massa e veja se o forno está suficientemente quente antes de colocar a torta para assar.

problemas no preparo de massas folhadas e semifolhadas

A massa está dura e seca Isso ocorre quando se adiciona água demais e pouca gordura. Outras dicas para impedir esse problema são manter a massa gelada enquanto ela é aberta e preaquecer bem o forno antes de colocar a torta para assar.

A massa não ficou folhada A gordura devia estar quente e por isso se misturou à farinha, sem criar suas próprias camadas. Deixe a massa descansar bastante entre as dobras.

A massa está encharcada no meio Isso acontece quando a massa foi pouco assada. Não coloque a torta para assar na grade mais alta do forno.

problemas no preparo de massa de água quente

Não foi possível fazer uma bola com a massa Provavelmente a gordura e a água não estavam bem quentes, ou foi acrescentada pouca gordura ou água.

As bordas ficaram queimadas A fôrma pode ter sido forrada de maneira irregular, deixando algumas partes mais finas do que outras.

As bordas desmoronaram quando a torta foi desenformada Provavelmente a massa estava fina ou quente demais. A torta deve esfriar antes de ser desenformada.

tortassalgadas

Feitas com carinho, estas receitas ficam saborosas e substanciosas, compondo uma refeição perfeita nos dias frios. Com elas, é possível alimentar uma família inteira ou receber amigos em casa.

Ninguém resiste a uma torta de carne suculenta e fumegante, com cobertura crocante de massa folhada ou amanteigada. Tortas com base e cobertura também são tentadoras, podendo ser cortadas em pedaços e consumidas ao longo do dia. A família e os amigos adoram degustar essas delícias – e se você investir um pouco de tempo e de cuidado, obterá resultados muito satisfatórios.

O preparo dessas tortas é bem simples: são necessários ingredientes de boa qualidade e tempo suficiente para assá-las lentamente. Observe a reação de encantamento dos seus convidados quando tirar a torta do forno e servir o primeiro pedaço, ouvindo o barulho crocante da massa e sentindo o aroma do recheio fumegante.

Quem me passou essa receita foi meu amigo David Herbert, que criou a torta ao transformar em recheio as sobras de uma canela de cordeiro assada.

torta de canela de cordeiro

O cordeiro é cozido lentamente, até soltar do osso, o que rende um recheio macio, suculento e saboroso, ideal para levar uma cobertura de massa folhada rústica.

6 porções

para a massa
400 g de massa folhada rústica (p. 20)
1 ovo batido, para pincelar

para o recheio
50 g de farinha de trigo · 6 canelas de cordeiro · 2 colheres (sopa) de azeite · 4 cebolas roxas pequenas cortadas em quatro · 8 dentes de alho descascados · 1 garrafa de vinho tinto encorpado · 300 ml de caldo de carne · 2 colheres (sopa) de alecrim fresco picado finamente · 3 colheres (sopa) de geleia de groselha (ou amora) · sal e pimenta-do-reino moída na hora

Tempere a farinha de trigo com uma pitada generosa de sal e pimenta-do-reino moída a gosto. Passe as canelas de cordeiro na farinha temperada. Em uma panela grande de fundo grosso, aqueça o azeite e frite o cordeiro até dourar. Acrescente a farinha restante, a cebola e o alho e mexa bem. Despeje o vinho, o caldo, o alecrim, a geleia e uma quantidade razoável de pimenta-do-reino.

Deixe levantar fervura, tampe e mantenha em fogo baixo por cerca de 2 horas, ou até a carne se soltar do osso e o molho ficar encorpado. Retire os ossos da panela, reserve três deles e desfie bem a carne.

Preaqueça o forno a 200°C.

Transfira o recheio para um refratário redondo e fundo com capacidade para 2 litros. Abra a massa folhada em forma de disco até a espessura de 3 mm, deixando um excesso de 2,5 cm de massa que ultrapasse a borda do refratário. Corte uma tira de massa com 2 cm de largura. Pincele a borda do refratário com um pouco de água, coloque a tira sobre a borda e aperte bem, grudando-a no refratário. Distribua sobre o recheio da torta os três ossos reservados, mantendo a mesma distância entre cada um deles – eles funcionarão como pequenas chaminés, que liberam o vapor durante o cozimento e, assim, evitam que a massa grude no recheio e encharque. Faça três cortes sobre o disco de massa, coincidindo com a posição dos ossos dentro do refratário. Disponha o disco sobre o recheio, passando os ossos pelos cortes, deixando-os expostos. Aperte a massa nas bordas do refratário, fechando bem. Apare o excesso e aperte as beiradas com um garfo ou com a ponta dos dedos; belisque a massa para fazer uma borda decorativa. Pincele a superfície da torta com um pouco de ovo batido e asse a 200°C por 30-35 minutos, até a massa dourar e ficar crocante.

torta de carne e rim*

Não é fácil dar uma receita dessa torta tão famosa na Inglaterra, pois as opiniões variam muito quanto à versão definitiva. No entanto, todos concordam que o recheio deva ser cozido lentamente, a fim de obter um guisado escuro, suculento e brilhante. É unanimidade também que o recheio fica mais saboroso se preparado com dois dias de antecedência. Além disso, um refratário fundo de cerâmica e massa folhada de boa qualidade são imprescindíveis para o bom resultado da receita. O açougueiro que me atende diz que o melhor corte de carne para o preparo dessa torta é o acém, que produz um caldo maravilhoso, e que o rim suíno é o mais saboroso para preparar a iguaria.

6 porções

para a massa
400 g de massa semifolhada (p. 19) · 1 ovo batido, para pincelar

para o recheio
25 g de farinha de trigo · 900 g de acém cortado em cubos de 2,5 cm · 225 g de rim suíno cortado em cubos de 2,5 cm · 25 g de manteiga · 2 cebolas grandes fatiadas finamente · 1 colher (sopa) de tomilho fresco picado · 150 g de cogumelo portobello picado grosseiramente · 300 ml de vinho tinto · 300 ml de caldo de carne · 2 colheres (sopa) de molho inglês · sal e pimenta-do-reino moída na hora

Preaqueça o forno a 180°C.

Em uma tigela, coloque a farinha e acrescente os cubos de carne e de rim. Tempere com um pouco de sal e pimenta-do-reino moída na hora a gosto. Mergulhe os cubos na farinha, cobrindo-os bem.

Em uma panela de fundo grosso, aqueça a manteiga e refogue as cebolas até amolecerem, mas sem deixar dourar. Adicione os cubos de carne e de rim, o tomilho e o cogumelo e refogue rapidamente os cubos de carne e rim até dourarem de todos os lados. Acrescente a farinha restante e despeje o vinho, o caldo e o molho inglês. Espere levantar fervura, tampe e leve ao forno por 1h30, até a carne amaciar e o molho engrossar e ficar brilhante. Transfira esse recheio para um refratário com capacidade para 2 litros e deixe esfriar.

Aumente a temperatura do forno para 200°C.

* Embora não faça parte do cardápio usual do brasileiro, optamos por manter o ingrediente original, frequente em receitas inglesas. Como alternativa, pode-se usar fígado.

Abra a massa folhada até obter a espessura de 3 mm. Corte uma tira de massa com 2 cm de largura. Pincele a borda do refratário com um pouco de água, disponha a tira sobre a borda e aperte bem, grudando a massa no refratário. Corte um disco de massa, deixando um excesso de 2,5 cm que ultrapasse a borda do refratário. Insira a chaminé de cerâmica (ou o rolinho de papel-alumínio) no centro do recheio, para apoiar o disco de massa, impedindo que grude no recheio e encharque. Disponha o disco sobre o recheio e aperte-o contra as bordas do refratário, fechando bem. Apare o excesso de massa e aperte as beiradas com um garfo ou com a ponta dos dedos; belisque a massa para decorar a borda. Pincele a superfície da torta com um pouco de ovo batido e faça um furo no meio do disco para que a chaminé fique exposta. Asse a 180°C por 30-35 minutos, até a massa dourar e ficar crocante.

torta de carne e ostra

Essa receita antiga era a favorita na época vitoriana. As ostras substituem o rim suíno e dão um sabor ligeiramente marinho à torta. Pode parecer estranho, mas é uma opção saborosíssima de recheio. Utilize em tortinhas.

Abra 8 ostras frescas e solte-as da concha. Siga a receita da Torta de carne e rim, mas não acrescente o rim. Distribua o recheio frio em quatro ramequins. Disponha 2 ostras sobre o recheio de cada tortinha. Abra a massa (como descrito na receita da Torta de carne e rim) e corte quatro discos pequenos para cobrir cada um dos ramequins. Pincele as bordas dos discos de massa com um pouco de ovo batido e disponha-os sobre o recheio. Aperte a massa contra as bordas dos ramequins, fechando bem. Faça um corte no meio de cada disco e pincele tudo com um pouco de ovo batido. Deixe os ramequins na geladeira por 30 minutos e, em seguida, asse as tortinhas em forno preaquecido a 200°C por 30 minutos, até dourarem.

torta de carne de coelho e cobertura de fubá

Historicamente, há muitas variações para essa receita. Na versão mais comum, o cozido de coelho é preparado e depois transferido para um refratário de cerâmica, o qual é coberto com um disco de massa para reter o aroma e o sabor do recheio. Foi esse o método que utilizei para o preparo dessa torta tão saborosa. A massa da cobertura é simplesmente disposta sobre o refratário, o que facilita o preparo. Ao fazer o recheio, lembre-se de que a carne de coelho selvagem tem um sabor mais forte, exigindo um pouco mais de tempo de cozimento que a de coelho comum.

4 porções

para a massa
300 g de massa podre (p. 15) · 50 g de fubá, para abrir a massa · ovo batido, para pincelar · 4 colheres (sopa) de parmesão ralado

para o recheio
25 g de manteiga · 1 coelho inteiro cortado em pedaços · 100 g de pancetta cortada em cubos · 1 cebola picada finamente · 2 colheres (sopa) de farinha de trigo · 300 ml de vinho branco · 150 ml de creme de leite fresco · 4 dentes de alho amassados · 2 ramos de alecrim · sal e pimenta-do-reino moída na hora

Em uma frigideira grande, aqueça a manteiga e frite os pedaços de coelho até dourarem (faça-o em várias levas, se necessário). Retire da panela, acrescente a pancetta e frite por mais 4 minutos, até dourar. Adicione a cebola e refogue por mais 4 minutos, até amaciar.

Junte a farinha e refogue por 1 minuto. Despeje o vinho e deixe ferver um pouco. Adicione o creme de leite e o alho e tempere com um pouco de sal e pimenta a gosto. Recoloque os pedaços de coelho na panela com o ramo de alecrim e ferva em fogo muito baixo por 20-25 minutos, até o molho reduzir e engrossar.

Preaqueça o forno a 200°C.

Transfira o recheio para um refratário grande ou quatro ramequins e cubra-os com um disco de massa do diâmetro adequado, fazendo pregas na beirada da massa para acomodá-la no recipiente utilizado. Pincele a superfície da massa com um pouco de ovo batido e salpique com o parmesão e as folhas restantes do ramo de alecrim. Asse a 200°C por 30 minutos.

torta de carne de caça*, tomilho, mostarda e echalota

Essa torta tem recheio saboroso e fica ainda melhor com cobertura de massa semifolhada. O acréscimo de boa quantidade de mostarda ao recheio lhe confere cremosidade excepcional e sabor mais pronunciado. Essa receita é ideal para ocasiões especiais.

6 porções

para a massa

450 g de massa semifolhada rápida (p. 19) · 1 ovo batido, para pincelar

* A receita original sugere carne de veado, mais magra que a de boi, mas, pela dificuldade de encontrá-la no Brasil, sugerimos outras carnes, como a de avestruz, javali, capivara e cateto.

para o recheio

40 g de cogumelo selvagem seco ou outra variedade seca · 25 g de farinha de trigo · 1 colher (sopa) de tomilho fresco · 1 kg de carne de caça cortada em cubos · 2 colheres (sopa) de azeite · 400 g de echalota inteira descascada · 2 dentes de alho picados · 2 colheres (sopa) de açúcar mascavo · 500 ml de cerveja do tipo brown ale · 300 ml de caldo de carne · 2 colheres (sopa) de molho inglês · 2 colheres (sopa) de mostarda de Dijon · sal e pimenta-do-reino moída na hora

Em uma tigela pequena, hidrate os cogumelos imersos em água quente. Reserve enquanto prepara o recheio.

Coloque a farinha em uma tigela grande, acrescente os cubos de carne e o tomilho e misture bem. Tempere com um pouco de sal e pimenta-do-reino a gosto.

Em uma panela funda de ferro fundido, aqueça 1 colher (sopa) de azeite e refogue as echalotas por 4-5 minutos, até começarem a dourar e amolecer. Adicione o alho e misture bem, refogando tudo por mais 1 minuto em fogo médio. Retire as echalotas e o alho da panela e reserve.

Despeje o azeite restante na panela e frite até dourar uma porção de cubos de carne de todos os lados. Em seguida, retire-os da panela e reserve. Repita a operação com os cubos restantes. Recoloque os cubos na panela, assim como as echalotas e o alho refogados. Acrescente o açúcar mascavo e mexa bem por alguns minutos em fogo médio. Despeje a cerveja e o caldo de carne e acrescente o molho inglês, a mostarda, os cogumelos e 100 ml da água em que os cogumelos hidrataram. Acerte o tempero e deixe ferver em fogo médio-baixo. Tampe, reduza o fogo e mantenha em fogo baixo por 2 horas, até a carne ficar macia e o molho, encorpado e brilhante. Transfira o recheio para um refratário redondo e fundo com capacidade para 2 litros e reserve até esfriar completamente.

Preaqueça o forno a 200°C.

Abra a massa folhada até obter a espessura de 3 mm. Corte uma tira de massa com 2 cm de largura. Pincele a borda do refratário com um pouco de água, disponha a tira de massa sobre a borda e aperte bem, grudando a massa no refratário. Corte um disco de massa, deixando um excesso de 2,5 cm que ultrapasse a borda do refratário. Insira uma chaminé (de cerâmica ou rolinho de papel-alumínio) no centro do recheio para apoiar o disco de massa, impedindo que grude e encharque. Disponha o disco de massa sobre o recheio e aperte-o contra a borda do refratário, fechando bem. Apare o excesso e aperte as beiradas com um garfo ou com a ponta dos dedos, fazendo uma borda decorativa. Pincele a superfície da torta com um pouco de ovo batido e faça um furo no meio do disco de massa para que a chaminé fique exposta. Utilize as aparas de massa folhada para decorar a superfície da torta. Asse a 200°C por 30-35 minutos, até a massa dourar e ficar crocante.

6 porçõe

para a m
400 g de
de semen

para o re
4 colhere
desossada
de cervej
2 dentes
de louro
tomate p
1 abóbor
· sal e pi

Preaqueç

Em uma p
dourar de
de hortelã
asse por
purê com
transfira c

Aumente

Abra a m
a borda c
grudando
ultrapasse
centro do
o disco d
excesso c
borda de
meio do
a superfíc

quiche coberta de carne de porco, queijo e bacon

Essa torta é praticamente uma quiche Lorraine com cobertura de massa. A mistura de ovos, bacon, queijo e cebola é sempre deliciosa. Você deve assar a torta em uma fôrma com fundo removível, que facilita a tarefa de desenformar. Costumo consumi-la até no café da manhã!

6 porções

para a massa
400 g de massa podre especial (p. 16) · 1 ovo batido, para pincelar

para o recheio
300 g de carne de porco magra (como lombo) · 200 g de bacon entremeado de gordura sem pele · 1 colher (sopa) de azeite · 1 cebola grande picada finamente · 225 g de cheddar inglês (ou parmesão) ralado grosseiramente · 1 dente de alho amassado · 1 maço de salsa lisa picado grosseiramente · 1 maço de cebolinha-francesa picado · 2 ovos ligeiramente batidos · 4 colheres (sopa) de coalhada · sal e pimenta-do-reino moída na hora

Preaqueça o forno a 180°C.

Pique a carne de porco e o bacon finamente e misture (se for picar a carne e o bacon em um processador de alimentos, tome cuidado para não bater demais, do contrário a carne pode virar um patê). Aqueça o azeite em uma panela grande em fogo médio e refogue a cebola por alguns minutos. Junte a carne de porco e o bacon e frite por cerca de 5 minutos, ou até dourar um pouco. Transfira para uma tigela e deixe esfriar. Quando estiver frio, adicione os ingredientes restantes e tempere com um pouco de sal e pimenta-do-reino a gosto.

Abra dois terços da massa podre até obter um disco de 30 cm de diâmetro e acomode-o em uma fôrma de 22 cm com fundo removível, forrando o fundo e as laterais. Distribua o recheio dentro da fôrma e pincele as beiradas com um pouco de ovo batido. Abra a massa restante formando um disco de 24 cm de diâmetro e coloque sobre o recheio da torta, apertando as beiradas para fechar bem. Apare o excesso de massa e pincele a superfície com o ovo batido restante. Fure a cobertura da torta com um garfo para liberar o vapor. Coloque o refratário sobre uma assadeira no forno a 180°C e asse por 50-60 minutos, até dourar e ficar crocante.

Deixe a torta esfriar por 10 minutos antes de desenformar. Corte em fatias e sirva.

torta de linguiça, maçã e sálvia

Graças à ampla variedade de boas linguiças disponíveis no mercado, o resultado dessa receita pode surpreender. A torta original leva a linguiça Cumberland inglesa, mas você pode utilizar a calabresa, que é tão saborosa quanto e combina bem com maçã e sálvia. Asse essa torta em um prato fundo de metal, para que a base da massa fique crocante.

4 porções

para a massa

300 g de massa podre (p. 15) · 1 ovo batido, para pincelar

para o recheio

450 g de linguiça calabresa · 2 colheres (sopa) de azeite · 2 cebolas em fatias finas · 1 colher (sopa) de mostarda extraforte · 1 colher (sopa) de sálvia fresca picada · 2 maçãs descascadas, sem miolo e picadas · 2 colheres (sopa) de coalhada · sal e pimenta-do-reino moída na hora

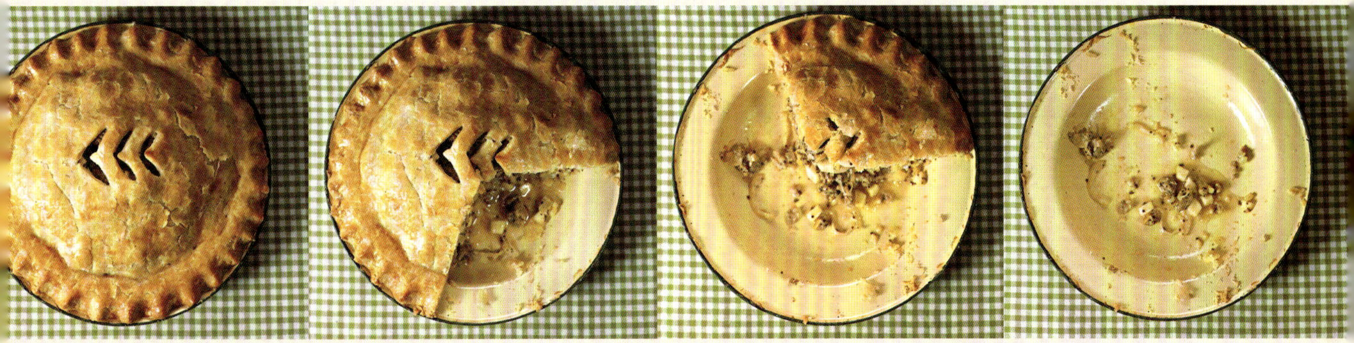

Preaqueça o forno a 200°C.

Abra 175 g de massa e forre um refratário ou prato fundo de ágata de 23 cm de diâmetro. Abra a massa restante até obter um disco com 25 cm de diâmetro.

Corte a linguiça ao meio, retire a pele e fatie em pedaços pequenos. Em uma frigideira grande, aqueça o azeite e refogue a cebola em fogo baixo por 8-10 minutos, até amolecer. Acrescente a linguiça e refogue por mais 5 minutos, mexendo sempre até dourar, despedaçando a linguiça com uma colher de pau durante o cozimento. Tire a frigideira do fogo e adicione a mostarda, a sálvia, a maçã picada e a coalhada. Tempere com um pouco de sal e pimenta-do-reino e misture bem. Deixe esfriar.

Quando o recheio estiver frio, transfira-o para o refratário forrado de massa. Pincele as beiradas da massa com um pouco de ovo batido e cubra com o segundo disco de massa. Pressione as beiradas, fechando bem. Apare o excesso e aperte as beiradas com um garfo ou com a ponta dos dedos, fazendo uma borda decorativa. Pincele a cobertura com o ovo batido restante e faça cortes na superfície para liberar o vapor. Asse a 200°C por 25-30 minutos, até a massa dourar.

filé à Wellington

Essa receita é perfeita para você exibir seus dotes culinários. Alguns podem não considerá-la uma torta no sentido tradicional, mas eu a chamo assim porque defino torta como "qualquer recheio envolto em massa".

A técnica de assar carne envolta em massa remonta ao século XVIII; na França, é chamada de *boeuf en croûte*. O nome inglês dessa receita foi criado em 1815 em homenagem ao duque de Wellington, general e político britânico que naquele ano venceu a Batalha de Waterloo, derrotando os franceses comandados por Napoleão.

6 porções

para a massa
500 g de massa folhada pronta · 1 ovo batido, para pincelar

para o recheio
25 g de manteiga · 1 cebola picada finamente · 150 g de cogumelo portobello picado grosseiramente · 2 dentes de alho picados finamente · 3 colheres (sopa) de salsa lisa picada · 100 g de patê de fígado · 750 g de filé-mignon · sal e pimenta-do-reino moída na hora

Em uma frigideira grande, derreta a manteiga e refogue a cebola em fogo baixo por 5 minutos, até amolecer. Junte o cogumelo e refogue por mais 5 minutos, até amolecer bem. Adicione o alho e a salsa e tempere com um pouco de sal e pimenta-do-reino a gosto. Reserve e deixe esfriar.

Em um processador, bata o patê de fígado com o refogado de cogumelo. Reserve.

Preaqueça o forno a 200°C.

Abra a massa folhada em uma superfície ligeiramente enfarinhada, até obter um retângulo grande o bastante para envolver todo o filé, reservando as aparas de massa para decorar. Espalhe a mistura de patê de fígado e cogumelo no centro do retângulo e disponha o filé por cima. Pincele as beiradas com um pouco de ovo batido e dobre-as sobre o filé, cobrindo-o completamente, pressionando as beiradas e fechando bem. Coloque o filé folhado sobre uma assadeira, com a junção da massa virada para baixo. Faça folhas decorativas com as aparas de massa. Pincele a superfície da torta com um pouco de ovo batido, decore com as folhas de massa e reserve na geladeira por 10 minutos.

Asse a 200°C por 40-45 minutos, até a massa dourar e ficar crocante. Transfira o filé para uma tábua de cortar e espere 10 minutos. Sirva o filé cortado em fatias grossas.

torta russa de peixe

Essa receita de origem russa, *coulibiac*, foi adaptada pelos ingleses e fez sucesso nas épocas vitoriana e eduardiana. Apesar de ter cobertura de massa e ser consumido quente, o prato lembra outra iguaria de origem estrangeira apreciada pelos ingleses: o *kedgeree*, vindo da Índia.

6 porções

para a massa

500 g de massa folhada pronta · 1 ovo batido, para pincelar

para o recheio

450 g de filé de salmão · 300 ml de leite · 3 grãos de pimenta-do-reino · 1 folha de louro · 100 g de arroz branco de grão longo · 25 g de manteiga · 1 cebola picada finamente · 100 g de champignon fatiado finamente · 4 ovos cozidos cortados em fatias (ponto de cozimento firme) · uma pitada de pimenta-de-caiena · 2 colheres (sopa) de salsa lisa picada · raspas e suco de 1 limão-siciliano pequeno

Preaqueça o forno a 220°C.

Em uma frigideira grande, coloque o salmão para cozinhar no leite com os grãos de pimenta e a folha de louro. Mantenha em fogo baixo por 5 minutos, até ficar cozido uniformemente e for possível soltar lascas. Retire o salmão da frigideira e deixe esfriar. Descarte o leite.

Cozinhe o arroz em uma panela grande com água fervente por 10-12 minutos, até ficar macio. Escorra e reserve. Aqueça a manteiga em uma panela grande em fogo baixo e refogue a cebola por 5-6 minutos, até amolecer. Junte o champignon e refogue por mais 5 minutos.

Coloque o arroz cozido em uma tigela e acrescente os ingredientes refogados, os ovos cozidos fatiados, a pimenta-de-caiena, a salsa, o salmão em lascas, o suco e as raspas de limão e sal e pimenta--do-reino a gosto.

Abra a massa folhada em um quadrado de 40 cm x 40 cm. Distribua o recheio no centro do quadrado. Pincele um pouco de ovo batido nas beiradas e dobre-as em direção ao centro, fazendo com que se toquem e se sobreponham ligeiramente. Pressione bem a massa ao longo da junção e pincele tudo com um pouco de ovo batido. Coloque a torta sobre uma assadeira grande e leve ao forno a 220°C. Asse por 35-40 minutos, até a massa dourar e ficar crocante.

lojas típicas de tortas Tortas, purês e enguias são produtos normalmente associados a Londres. Após a Segunda Guerra Mundial, existiam pelo menos 130 lojas especializadas em tortas e purês (*pie and mash shops*) espalhadas pela cidade. Porém, foram poucas as que resistiram ao tempo, e hoje a maioria dos estabelecimentos remanescentes está concentrada no East End londrino, o que leva muitos britânicos a acreditar que as tortas cobertas de massa e com recheio substancioso nasceram ali.

Tudo começou na época vitoriana, quando ambulantes comercializavam tortas de carne, peixe e frutas nas ruas agitadas da cidade. Graças a esses vendedores, muitas famílias modestas conseguiam comprar comida pronta a preço acessível. As tortas de carne eram tradicionalmente feitas com carne de carneiro ou bovina; as de frutas levavam recheios de maçã, ameixa ou cereja; já as tortas de peixe eram feitas com enguia, muito comum no Atlântico Norte.

Prato tradicional em Londres, a enguia (*eel*) era quase sempre servida com sopa de ervilha ou molho de salsa, feito com pimenta vermelha e vinagre. O molho ainda é servido, mas com outro nome (*liquor*) e consiste em um leve molho branco temperado com salsa picada.

Na primeira loja de tortas e purês de que se tem notícia, inaugurada no final do século XIX, eram vendidos diferentes tipos de carne, enguia, torta de frutas, sopa de ervilha e purê de batata. Esse tipo de negócio decretou o fim dos vendedores ambulantes. Esses estabelecimentos tinham decoração típica: balcões de mármore, bancos de madeira, parede de azulejos brancos e espelhos grandes. As que restaram ainda guardam o esplendor do passado, da tradição e da história londrinas, embora tenham se modernizado. É incrível a experiência de comer uma torta caseira acompanhada de purê, molho ou *liquor* a um preço acessível na Londres agitada e cosmopolita dos dias de hoje.

torta de frango, alho-poró e estragão

É difícil chegar a uma unanimidade quanto à melhor receita de torta de frango. Após muitos testes, essa provou ser a minha favorita. O estragão e o limão dão ao prato um toque fresco maravilhoso.

4-6 porções

para a massa
400 g de massa podre especial (p. 16) · 1 ovo batido, para pincelar

para o recheio
1,5 kg de frango orgânico · 1 cenoura picada grosseiramente · 2 talos de aipo cortados grosseiramente · 2 cebolas picadas finamente · 4 ramos de estragão · 1 colher (sopa) de azeite · ½ colher (sopa) de manteiga · 2 alhos-porós fatiados finamente · 150 ml de vinho branco · 2 colheres (sopa) de farinha de trigo · 150 ml de creme de leite light com raspas de ½ limão-siciliano · sal e pimenta-do-reino moída na hora

Em uma panela grande, coloque o frango, a cenoura, o aipo, 1 cebola e 3 ramos de estragão. Tempere com um pouco de sal e pimenta e cubra com água. Deixe levantar fervura e mantenha por 45 minutos em fogo baixo, até o frango ficar cozido. Retire o frango da panela e deixe esfriar. Recoloque o caldo no fogo e ferva em fogo baixo por mais 30 minutos ou até reduzir pela metade.

Em uma frigideira grande, aqueça o azeite e a manteiga e refogue o alho-poró e a cebola restante em fogo baixo por 5 minutos, até amolecerem. Aumente o fogo, despeje o vinho e deixe ferver por 3-4 minutos, até o líquido reduzir pela metade. Adicione a farinha e misture bem por 1 minuto. Despeje o creme de leite, 150 ml de caldo de frango reduzido e as raspas de limão. Tempere com um pouco de sal e bastante pimenta-do-reino.

Solte a carne da carcaça do frango e desfie-a finamente. Acrescente o frango desfiado e o estragão restante ao conteúdo da frigideira e mexa bem. Reserve e deixe esfriar.

Preaqueça o forno a 180°C. Coloque uma assadeira no forno para aquecê-la.

Forre o fundo de uma fôrma retangular de 30 cm x 20 cm ou uma fôrma redonda com 26 cm de diâmetro com dois terços da massa podre e transfira o recheio. Pincele as beiradas com um pouco de ovo batido. Abra o terço de massa restante e coloque-a sobre o recheio, apertando as beiradas com a ponta dos dedos para fechar bem. Apare o excesso e pincele a superfície com um pouco de ovo batido. Coloque a fôrma sobre a assadeira e leve ao forno a 180°C por 30-35 minutos, até dourar e ficar crocante.

torta espanhola de chorizo e pimentão

Essa torta típica da Galícia, no noroeste da Espanha, é conhecida como empanada galega. Trata--se de um prato substancioso, perfeito para refeições familiares. As receitas podem variar, mas o recheio mais comum leva *chorizo* (um tipo de linguiça espanhola), presunto curado, carne de porco, pimentão vermelho e cebola.

Tradicionalmente, a massa dessa torta parece com a de pizza, mas mudei um pouco a receita e proponho aqui uma cobertura de massa podre aromatizada com açafrão. Uma cerveja gelada é o acompanhamento ideal para essa iguaria.

6 porções

para a massa

200 g de farinha de trigo · 1/4 de colher (chá) de sal · 100 g de manteiga gelada sem sal cortada em cubos · 2 gemas batidas · 2 colheres (sopa) de água gelada · uma pitada de pistilos de açafrão

para o recheio

25 g de manteiga · 2 cebolas grandes picadas · 1 pimentão vermelho sem sementes e picado · 1 pimentão verde sem sementes e picado · 1 pimenta-malagueta pequena sem sementes e picada finamente · 1 dente de alho picado finamente · 1 maço pequeno de salsa lisa picado · 300 g de chorizo (ou outra linguiça curada) cortado em cubos · 250 g de lombo de porco picado em cubos · 90 g de fatias de presunto serrano · sal e pimenta-do-reino moída na hora

Para fazer a massa, misture a farinha e o sal em uma tigela e acrescente os cubos de manteiga gelada. Incorpore os ingredientes com a ponta dos dedos, até obter uma farofa. Faça uma cova no centro dos ingredientes secos. Misture as gemas, a água gelada e os pistilos de açafrão. Reserve um pouco desse preparado para pincelar posteriormente a superfície da torta. Adicione aos poucos o restante sobre os ingredientes secos, misturando com a ajuda de uma faca de ponta redonda. Transfira a massa para uma superfície enfarinhada e trabalhe-a até ficar uniforme. Faça uma bola com a massa, embrulhe em filme de PVC e reserve na geladeira enquanto prepara o recheio.

Aqueça a manteiga em uma frigideira grande e refogue a cebola por cerca de 10 minutos, até amolecer. Acrescente os dois tipos de pimentão, a pimenta-malagueta e o alho e refogue por mais 15 minutos. Junte a salsa picada e tempere com um pouco de sal e pimenta.

Preaqueça o forno a 180°C.

Abra dois terços da massa em uma superfície enfarinhada para forrar um refratário de 23 cm de diâmetro.

Junte o chorizo e a carne de porco ao refogado e transfira para o refratário forrado de massa. Distribua as fatias de presunto por cima. Pincele as beiradas da massa com um pouco da mistura de gemas.

Abra a massa restante em um disco para cobrir a torta. Disponha o disco sobre o recheio, apare o excesso de massa e belisque as beiradas com a ponta dos dedos, fechando a torta. Faça três cortes pequenos sobre a superfície da torta para liberar o vapor do recheio enquanto assa. Pincele a superfície da torta com a mistura de gemas restante e asse a 180°C por 50 minutos, até dourar. Após tirar do forno, espere 30 minutos, no mínimo, antes de servir em fatias.

torta piquenique de legumes e arroz

Minha mãe costumava preparar essa torta para o lanche. A torta de arroz, ou *torta di riso*, como é chamada na Itália, pode ser feita com diferentes ingredientes, como presunto, queijos, ervas e legumes. Não se preocupe, o arroz arbório usado no recheio cozinha muito bem no forno, proporcionando cremosidade e uma ótima combinação com a massa crocante.

4-6 porções

para a massa

300 g de farinha de trigo · uma pitada de sal · 150 ml de água · 1 colher (chá) de azeite · 2 colheres (sopa) de leite, para pincelar

para o recheio

500 g de espinafre · 300 g de abobrinha cortada finamente · 1 cebola fatiada finamente · 100 g de arroz arbório (ou outro tipo especial para risoto) · 50 g de parmesão ralado · 2 ovos batidos, mais um para pincelar · 1 colher (chá) de sal marinho · sal e pimenta-do-reino moída na hora

Para fazer a massa, misture a farinha e o sal em uma tigela e despeje a água e o azeite, formando uma massa lisa e firme. Cubra com um pano de prato limpo e deixe descansar por, no mínimo, 10 minutos.

Preaqueça o forno a 180°C.

Lave bem as folhas de espinafre e cozinhe-as por 5 minutos em uma panela grande, mergulhadas em água fervente, até murcharem. Deixe esfriar e esprema bem as folhas para retirar o excesso de água. Pique grosseiramente.

Em uma tigela, misture o espinafre, a abobrinha, a cebola, o arroz, o parmesão, os ovos e um pouco de sal e pimenta.

Divida a massa em duas porções iguais, abrindo-as até a espessura de 5 mm. Use uma das porções para forrar uma fôrma retangular de 20 cm x 30 cm untada com óleo. Distribua o recheio e cubra com a outra porção de massa aberta. Apare o excesso e aperte as beiradas, fechando bem. Pincele a superfície da torta com o ovo batido restante e salpique com sal marinho. Asse a 180°C por 40 minutos, até dourar. Sirva a torta quente ou fria, cortada em quadrados.

torta stargazy

Essa é uma famosa receita da Cornualha, região do extremo sudoeste inglês. Feita originalmente com sardinha e arenque, por tradição os peixes eram dispostos no recheio de modo que ficassem com a cabeça exposta através da cobertura. Essa decoração impressionava, mas não era muito prática na hora de servir. Minha versão com filés de cavalinha mantém o recheio saboroso sem alterar demais os ingredientes da torta original *(fotos pp. 62-3)*.

4 porções

para a massa
300 g de massa podre (p. 15)

para o recheio
15 g de manteiga · 50 g de farinha de rosca · 2 batatas grandes descascadas, cozidas e fatiadas finamente · 2 fatias de bacon picadas · 2 colheres (sopa) de cebolinha-francesa picada · 2 colheres (sopa) de salsa lisa picada · 4 filés de cavalinha · 3 ovos batidos, mais um para pincelar · 150 ml de creme de leite fresco · sal e pimenta-do-reino moída na hora

Preaqueça o forno a 200°C.

Unte um refratário fundo de 23 cm de diâmetro com manteiga e espalhe farinha de rosca por toda a superfície. Disponha as fatias de batata e distribua metade do bacon, da cebolinha e da salsa. Tempere com um pouco de sal e pimenta-do-reino moída na hora.

Coloque os filés de cavalinha por cima e distribua o bacon, a cebolinha e a salsinha restantes, assim como sal e pimenta. Bata os ovos com o creme de leite e despeje essa mistura sobre o peixe.

Abra a massa podre até obter a espessura de 3 mm. Corte uma tira de massa com 2 cm de largura. Pincele a borda do refratário com um pouco de água, disponha a tira de massa sobre a borda e aperte bem, grudando a massa no refratário. Corte um disco de massa, deixando um excesso de 2,5 cm que ultrapasse a borda do refratário. Insira uma chaminé (cerâmica ou rolinho de papel-alumínio) no centro do recheio e coloque a cobertura de massa, apertando bem as beiradas para fechar a torta. Apare o excesso e aperte as beiradas com um garfo ou com a ponta dos dedos, beliscando a massa. Pincele a superfície da torta com um pouco de ovo batido e asse a 200°C por 10 minutos. Reduza a temperatura do forno para 180°C e asse por mais 20 minutos, até o recheio firmar e a massa dourar e ficar crocante. Sirva quente, acompanhada de batata bolinha cozida salpicada com salsa fresca.

torta de cebola, queijo e bacon

Essa receita é muito fácil de fazer. Os ingredientes do recheio são simples, e não é preciso ter assadeira ou refratário específicos para assá-la. Sirva acompanhada de salada verde e molho de limão.

4 porções

para a massa
500 g de massa folhada pronta · 1 ovo batido, para pincelar

para o recheio
2 batatas farinhentas grandes · 1 colher (sopa) de óleo vegetal · 4 fatias de bacon cortadas em tiras de 2 cm · 2 cebolas grandes fatiadas finamente · 200 g de cheddar inglês (ou parmesão) ralado grosseiramente · 3 colheres (sopa) de creme de leite fresco · pimenta-do-reino a gosto

Preaqueça o forno a 200°C.

Cozinhe as batatas em uma panela grande por 10-15 minutos, até ficarem macias. Escorra e, quando as batatas tiverem esfriado um pouco, corte-as em fatias finas. Aqueça o óleo em uma frigideira grande e frite as fatias de bacon durante 2 minutos, dourando-as dos dois lados. Acrescente a cebola e refogue por 4-5 minutos, até amolecer, mas sem dourar. Reserve e deixe esfriar.

Corte a massa folhada ao meio. Abra uma das metades até obter um quadrado de 25 cm x 25 cm. Disponha o quadrado de massa sobre uma assadeira untada com óleo e pincele as beiradas dessa base com um pouco de ovo batido. Distribua as fatias de batata sobre a massa e cubra com o bacon e as cebolas, deixando uma borda de 2,5 cm sem recheio em cada um dos lados do quadrado de massa. Salpique o cheddar ralado e tempere com pimenta-do-reino. Despeje o creme de leite.

Abra a outra metade de massa até obter um quadrado de 28 cm x 28 cm. Disponha essa cobertura sobre o recheio e aperte as beiradas, fechando bem. Apare o excesso de massa e faça um corte em forma de cruz no meio da superfície da torta. Pincele com um pouco de ovo batido e asse a 200°C, na grade superior do forno, por 10 minutos. Reduza a temperatura para 180°C e asse por mais 25-30 minutos, ou até a massa dourar e crescer.

Corte em fatias e sirva.

torta de peixe defumado e sidra

Não poderia deixar de fora uma receita de torta de peixe. Escolhi essa iguaria clássica por ser simples e deliciosa ao combinar o sabor do peixe defumado com o da sidra.

4 porções

para a massa
375 g de massa folhada pronta · 1 ovo batido, para pincelar

para o recheio
450 g de filé de hadoque fresco sem pele · 125 g de filé de hadoque defumado sem pele · 1 batata grande descascada, cozida e fatiada finamente · 40 g de manteiga · 1 cebola picada finamente · 50 g de farinha de trigo · 400 ml de sidra seca · 3 colheres (sopa) de coalhada · 75 g de ervilha congelada · 2 colheres (sopa) de salsa fresca picada · 250 g de camarão médio cru · sal e pimenta-do-reino moída na hora

Preaqueça o forno a 200°C.

Corte os dois tipos de hadoque em cubos de 2,5 cm. Disponha as fatias de batata no fundo de um refratário com capacidade para 1,5 litro. Em uma panela média, derreta a manteiga até formar uma espuma. Acrescente a cebola e refogue por 5 minutos. Assim que ela amolecer, junte a farinha e refogue por alguns minutos, formando uma pasta lisa e homogênea. Despeje aos poucos a sidra, mexendo sempre, até obter um molho encorpado. Tire do fogo e adicione a coalhada. Tempere com um pouco de sal e pimenta-do-reino a gosto. Acrescente a ervilha, a salsa, o camarão e o peixe. Transfira o recheio para o refratário sobre as fatias de batata.

Pincele as bordas do refratário com um pouco de água e coloque uma chaminé (cerâmica ou rolinho de papel-alumínio) no centro da fôrma. Abra a massa folhada pronta e posicione-a sobre o recheio da torta. Pincele a superfície com um pouco de ovo batido e asse a 200°C por 35-40 minutos, até dourar.

torta de queijo e cebolinha

Essa receita tradicional inglesa tem como ingrediente principal o queijo cheshire, muito cremoso, no recheio e o red leicester, de sabor intenso semelhante ao cheddar, na massa. Não é preciso utilizar batatas pré-cozidas nessa receita, pois elas cozinham à medida que a torta assa. Mas há uma dica fundamental para garantir esse cozimento: não use a chaminé de cerâmica, a fim de manter o vapor dentro da torta.

4 porções

para a massa
300 g de massa de queijo (p. 17) feita com cheddar inglês ou parmesão* · 2 colheres (sopa) de leite, para pincelar

para o recheio
1 maço de cebolinha picado grosseiramente · 125 g de gruyère* ralado grosso · 4 colheres (sopa) de coalhada · 1 maço de cebolinha-francesa picado · 500 g de batata farinhenta descascada e cortada em rodelas finas · sal e pimenta-do-reino moída na hora

Preaqueça o forno a 180°C.

Abra 175 g de massa de queijo em uma superfície enfarinhada e forre um refratário raso com 23 cm de diâmetro. Misture a cebolinha picada, o gruyère, a coalhada e a cebolinha-francesa em uma tigela pequena e tempere com um pouco de sal e pimenta-do-reino a gosto.

Disponha uma parte das fatias de batata sobre a base de massa e espalhe um pouco do recheio. Repita a operação até utilizar toda a batata e o recheio. Pincele as beiradas da massa com um pouco de leite.

Abra a massa restante em um disco com 25 cm de diâmetro e disponha sobre o recheio da torta. Aperte as beiradas com um garfo, fechando bem, e pincele toda a superfície com um pouco de leite. Asse a 180°C por cerca de 30 minutos.

Reduza a temperatura do forno para 160°C e asse por mais 40 minutos, até a massa dourar e as batatas ficarem macias. Verifique o cozimento inserindo um palito no meio do recheio – se ele entrar facilmente, é sinal de que as batatas estão cozidas.

Se a massa estiver dourando muito rapidamente, cubra a superfície com uma folha de papel-alumínio. Deixe a torta esfriar um pouco antes de servir. Isso facilitará cortá-la em fatias.

* Como os queijos da receita original são difíceis de encontrar no Brasil, sugerimos substituir o red leicester por cheddar inglês ou parmesão e o cheshire por gruyère.

torta fidget

Originária de Shropshire, no oeste da Inglaterra, essa receita era servida tradicionalmente aos trabalhadores rurais na época da colheita. Adoro o recheio: maçã e presunto defumado formam uma combinação maravilhosa.

4 porções

para a massa

300 g de massa podre (p. 15) · 1 ovo batido ou leite, para pincelar

para o recheio

40 g de manteiga · 3 batatas médias descascadas e fatiadas finamente · 2 cebolas fatiadas · 2 maçãs descascadas, sem miolo e fatiadas (aproximadamente 350 g) · 2 colheres (chá) de sálvia picada · 2 colheres (chá) de açúcar mascavo · 3 fatias de presunto defumado sem pele e cortadas em tiras de 1 cm de largura · 150 ml de caldo de legumes · sal e pimenta-do-reino moída na hora

Preaqueça o forno a 180°C.

Em uma frigideira grande, derreta a manteiga e refogue a batata, a cebola e a maçã em fogo baixo, até dourarem. Acrescente a sálvia. Transfira o refogado de batata, cebola e maçã para um refratário com capacidade para 1 litro, polvilhe com o açúcar e tempere com sal e pimenta.

Coloque o presunto na frigideira e frite até dourar. Despeje-o sobre o recheio.

Abra a massa em uma superfície ligeiramente enfarinhada, até obter um disco com a espessura de 3 mm. Disponha-o sobre o recheio e apare as beiradas de massa. Faça um corte no centro da cobertura da torta para liberar o vapor e decore com as aparas de massa. Pincele com um pouco de leite ou ovo batido.

Asse a 180°C por 30 minutos, reduza a temperatura do forno para 160°C e asse por mais 10-15 minutos, até dourar.

torta de carne picante com cobertura de fubá

A cobertura crocante de fubá dessa receita absorve o caldo e intensifica os sabores do recheio à medida que a torta assa.

4-6 porções

para a massa

300 g de massa podre (p. 15), substituindo 50 g de farinha por 50 g de fubá · 1 ovo batido, para pincelar

para o recheio

2 colheres (sopa) de óleo de girassol · 1 cebola grande picada finamente · 2 dentes de alho picados finamente · 1 colher (chá) de cominho em pó · 1 colher (chá) de páprica defumada · 450 g de carne bovina moída · 1 pimentão vermelho sem sementes e cortado em cubos · 2 pimentas verdes picadas · 400 g de tomate pelado em lata picado · 400 g de feijão em pasta enlatado* · sal e pimenta-do-reino moída na hora

Aqueça o óleo em uma panela grande. Acrescente a cebola e o alho e refogue por 5 minutos, até amolecer, mas sem dourar. Adicione o cominho, a páprica, a carne moída, o pimentão vermelho e as pimentas verdes e refogue por mais 5 minutos, até dourar ligeiramente, amassando bem a carne com uma colher de pau. Despeje o tomate picado e o feijão em pasta. Acerte o tempero. Espere levantar fervura, reduza o fogo e mantenha em fogo baixo por 30 minutos, até a carne ficar macia e o molho reduzir um pouco. Transfira esse recheio para um refratário e deixe esfriar.

Preaqueça o forno a 200°C.

Abra a massa podre até obter a espessura de 3 mm. Corte uma tira de massa com 2 cm de largura. Pincele a borda do refratário com um pouco de água, disponha a tira de massa sobre a borda e aperte bem, grudando-a no refratário. Corte um disco de massa, deixando um excesso de 2,5 cm que ultrapasse a borda do refratário.

Insira uma chaminé (cerâmica ou rolinho de papel-alumínio) no centro do recheio para apoiar a cobertura, impedindo que grude e encharque. Disponha o disco sobre o recheio e aperte-o nas bordas do refratário, fechando bem. Apare o excesso de massa e aperte as beiradas com um garfo ou com a ponta dos dedos. Pincele a superfície da torta com o ovo batido e faça um furo no centro da cobertura para que a chaminé fique exposta. Utilize as aparas de massa para decorar. Asse a 200°C por 30-35 minutos, até a massa dourar e ficar crocante.

* Pode ser encontrado nas seções de importados dos supermercados e lojas de alimentos importados.

torta de presunto, alho-poró e sidra

Inspirada em uma receita tradicional de Lancashire, no noroeste da Inglaterra, feita do começo ao fim sobre a boca do fogão. A cremosidade do recheio de presunto e alho-poró combina bem com a cobertura delicada que absorve os sucos do cozimento. Essa receita é uma opção deliciosa e prática.

4 porções

para a massa
100 g de farinha de trigo · 50 g de banha vegetal ralada · uma pitada de sal · 1/4 de colher (chá) de fermento em pó

para o recheio
25 g de manteiga · 2 alhos-porós grandes picados · 900 g de presunto cozido cortado em cubos de 2,5 cm · 2 cenouras picadas grosseiramente · 3 talos de aipo fatiados finamente · 1 batata grande descascada e picada · um punhado de tomilho fresco · 2 colheres (sopa) de farinha de trigo · 400 ml de sidra seca · 3 colheres (sopa) de coalhada · sal e pimenta-do-reino moída na hora

Em uma panela de ferro fundido, derreta a manteiga e refogue o alho-poró em fogo baixo por alguns minutos, até começar a amolecer. Adicione o presunto, os legumes, o tomilho e a farinha. Aumente o fogo, despeje a sidra e deixe levantar fervura. Baixe o fogo e acrescente a coalhada. Tempere com um pouco de sal e pimenta-do-reino e mantenha por 35 minutos, até o presunto ficar macio e o molho engrossar.

Prepare a massa, misturando a farinha, a banha, o sal e o fermento em pó em uma tigela grande e acrescentando 2-3 colheres (sopa) de água para agregar os ingredientes. Em uma superfície ligeiramente enfarinhada, abra a massa até obter a espessura de 1 cm e disponha-a sobre o recheio que está na panela. Tampe e mantenha em fogo baixo por 30 minutos, até a massa crescer um pouco e ficar cozida uniformemente.

Se quiser dourar a cobertura para deixá-la crocante antes de servir, coloque a panela no forno e deixe por 3-4 minutos.

tortinhas e petiscos

Imbatíveis para qualquer ocasião, as tortinhas e os petiscos feitos com massa sempre despertam a gula. Todos querem experimentar para descobrir os deliciosos recheios dessas pequenas porções de sabor.

Tortinhas são ideais para piqueniques, já que podem ser transportadas com facilidade. As de carne e legumes, consumidas recém-saídas do forno, constituem ótimas opções para o jantar. Mas é claro que também servem perfeitamente como entrada ou para compor o cardápio de um evento.

Em qualquer ocasião, são muito práticas, pois podemos consumi-las com as mãos, sem a necessidade de utilizar pratos e talheres.

tortinha de frango e cogumelo

Receita especial, o recheio cremoso leva cogumelos selvagens aromatizados com xerez. De tão saborosa, essa tortinha impressionará seus convidados. Se quiser caprichar, tente decorá-las com as sobras de massa.

6 unidades

para a massa
400 g de massa podre especial (p. 16) · 1 ovo batido, para pincelar

para o recheio
20 g de cogumelo selvagem seco · 25 g de manteiga · 1 colher (sopa) de azeite · 1 cebola grande picada finamente · 2 dentes de alho picados · 2 sobrecoxas de frango sem pele e cortadas em pedaços de 1,5 cm · 2 peitos de frango grandes cortados em pedaços de 1,5 cm · 250 g de cogumelo portobello fatiado · 3 colheres (sopa) de xerez ou marsala seco · 25 g de farinha de trigo · 2 colheres (sopa) de creme de leite fresco · 1 maço pequeno de salsa lisa picado grosseiramente

Hidrate o cogumelo selvagem seco com água fervente por 20 minutos. Escorra-os, reservando 200 ml da água utilizada. Passe-a por peneira fina para remover quaisquer resíduos. Pique os cogumelos finamente.

Aqueça a manteiga e o azeite em uma frigideira grande e refogue a cebola em fogo baixo por 5 minutos, até amolecer e dourar. Acrescente o alho, o frango e o cogumelo portobello e refogue em fogo alto por mais 6 minutos. Despeje o xerez (ou o marsala) e ferva por 1 minuto.

Reduza o fogo para médio, adicione a farinha e mexa bem. Junte o cogumelo selvagem hidratado e a água da hidratação reservada. Ferva em fogo baixo por 5 minutos, adicione o creme de leite e cozinhe por mais 5 minutos, até o molho engrossar. Junte a salsa e acerte o tempero a gosto. Reserve para esfriar.

Preaqueça o forno a 180°C.

Abra a massa e corte seis discos de 15 cm de diâmetro para forrar seis forminhas de torta de 10 cm de diâmetro, deixando a massa ultrapassar as bordas. Distribua o recheio entre as forminhas e, para cobri-las, corte mais seis discos de massa com 10 cm de diâmetro ou tiras largas para entrelaçar sobre elas. Pincele a superfície de cada uma com um pouco de ovo batido e asse a 180°C por 30-35 minutos, até dourar. Deixe as tortinhas esfriarem por 5 minutos antes de desenformar. Sirva imediatamente.

tortinha de carne de porco e pancetta

Essa é a melhor opção para piquenique, pois resiste bem ao transporte e é saborosa; difícil é resistir devorá-la no meio do caminho! Pode ser feita com um dia de antecedência e combina muito bem com salada de rabanete e cebolinha.

12 unidades

para a massa
300 g de massa podre (p. 15) · 1 ovo batido, para pincelar

para o recheio
1 maço de cebolinha picado finamente · uma pitada de flocos de pimenta-calabresa · 225 g de lombo de porco picado finamente na ponta da faca ou em um processador · 100 g de pancetta picada finamente · 1 maço de cebolinha-francesa cortado · 1 maço pequeno de salsa picado finamente · sal e pimenta-do-reino moída na hora · 12 ovos de codorna cozidos e descascados

Preaqueça o forno a 200°C.

Para fazer o recheio, misture em uma tigela grande todos os ingredientes, exceto os ovos de codorna, e acerte o tempero a gosto.

Abra a massa em uma superfície ligeiramente enfarinhada e corte doze discos de massa de 9 cm de diâmetro para forrar doze forminhas para muffin. Corte doze discos de 7 cm de diâmetro para a cobertura. Forre as forminhas com os discos de 9 cm de diâmetro. Recheie as tortinhas até a metade, coloque um ovo de codorna e cubra com mais recheio.

Pincele as beiradas de cada tortinha com um pouco de ovo batido, cubra com um disco de massa de 7 cm e pressione as beiradas, fechando bem. Faça um corte na superfície de cada tortinha, pincele-a com um pouco de ovo batido e asse a 200°C por 20 minutos. Reduza a temperatura do forno para 160°C e deixe por mais 25-30 minutos, até a massa dourar e o recheio ficar assado uniformemente. Espere 5 minutos antes de desenformar e transfira para uma grade de metal, para terminarem de esfriar.

pastel masala

Essa receita picante é inspirada nas de *masala dosa* do sul da Índia, preparadas com batata, pimenta verde e cebola. Ela fica deliciosa acompanhada com um molho feito de chutney de manga, coentro fresco picado e suco de limão *(fotos pp. 80-1)*.

cerca de 20 unidades

para a massa

225 g de farinha de trigo · 1/2 colher (chá) de sal · 2 colheres (sopa) de óleo vegetal

para o recheio

600 g de batata descascada e cortada em cubos de 1,5 cm · 2 colheres (sopa) de azeite · 1/2 colher (chá) de semente de cominho · 1/2 colher (chá) de grãos de mostarda · 1/2 colher (chá) de garam masala · 1 pimenta verde picada finamente · 2 dentes de alho picados finamente · 6 cebolinhas picadas finamente · suco de 1/2 limão-siciliano · 1 maço pequeno de coentro fresco picado · óleo vegetal, para fritar

Para fazer a massa, coloque a farinha e o sal em uma tigela grande. Acrescente o óleo e misture bem com a ponta dos dedos, até obter uma farofa. Despeje aos poucos 250 ml de água, até obter uma massa firme. Trabalhe por 5-7 minutos, até que fique uniforme. Faça uma bola de massa, pincele com um pouco de óleo e reserve-a, coberta com um pano úmido ou filme de PVC, enquanto prepara o recheio.

Cozinhe a batata em uma panela com água fria, deixando ferver por 12-15 minutos, até amolecer, mas sem desmanchar. Escorra.

Aqueça o azeite em uma frigideira grande e doure a semente de cominho e a mostarda, até começarem a pular. Junte o garam masala e a batata escorrida, misture bem e refogue por 5-8 minutos em fogo médio-baixo, até dourar. Acrescente a pimenta verde e o alho e mantenha por mais 2 minutos. Tire do fogo e adicione a cebolinha, o suco de limão e o coentro picado. Reserve e deixe esfriar.

Divida a massa em vinte bolinhas. Achate cada uma delas e abra em uma superfície enfarinhada, até obter discos de 10 cm de diâmetro. Coloque 1 colher (sopa) de recheio no centro de cada disco e pincele as beiradas com um pouco de água. Dobre o disco ao meio, apertando a beirada com um garfo, fechando o pastel. Repita a operação até completar vinte unidades. Cubra os pastéis já fechados com um pano úmido ou filme de PVC enquanto termina de preparar os demais.

Despeje 9 cm de óleo em um wok ou uma panela de fundo grosso e leve ao fogo médio para aquecer. Para verificar se o óleo atingiu a temperatura correta, pingue um pouco de massa e veja se começa a fritar imediatamente. Frite os pastéis em lotes, por 2-3 minutos, até dourarem ligeiramente. Retire do óleo com a ajuda de uma escumadeira e deixe escorrer sobre um prato forrado com papel-toalha. Sirva quente, acompanhado do molho com chutney de manga e coentro.

pastel da Cornualha

O petisco típico dessa região no extremo sudoeste da Inglaterra era marcado com as iniciais do nome do mineiro, peixeiro ou fazendeiro a quem iria alimentar durante a pausa no trabalho. Os recheios variavam conforme os ingredientes disponíveis em determinada estação do ano ou a condição financeira da família – por tradição compostos de carne e batata, raramente levavam legumes. Os *cornish pasties* ainda figuram entre as tortinhas preferidas dos britânicos, pois seu recheio extremamente suculento contrasta com a cobertura leve e delicada. Para obter uma massa crocante, coloque a banha e a manteiga no freezer por cerca de 20 minutos antes de começar a preparar a receita.

4 unidades grandes

para a massa

450 g de farinha de trigo · uma pitada de sal · 100 g de banha resfriada no freezer · 100 g de manteiga resfriada no freezer · 1 ovo batido, para pincelar

para o recheio

250 g de fraldinha cortada em cubos de 5 mm · 225 g de batatas descascadas e cortadas em cubos de 5 mm · 225 g de nabo-redondo descascado e cortado em cubos de 5 mm · 1 cebola picada finamente · 1 colher (sopa) de óleo vegetal · sal e pimenta-do-reino moída na hora

Para fazer a massa, peneire juntos a farinha e o sal em uma tigela e rale a banha e a manteiga diretamente sobre ela. Misture a farinha com a gordura até obter uma farofa e adicione água fria suficiente para uniformizar. Trabalhe um pouco a massa até ficar lisa. Embale-a em filme de PVC e reserve na geladeira por 20 minutos.

Preaqueça o forno a 180°C.

Para fazer o recheio, misture a carne, a batata, o nabo, a cebola, o óleo vegetal e um pouco de sal e pimenta-do-reino.

Divida a massa em quatro porções iguais. Abra cada porção até obter um disco de 20 cm de diâmetro. Distribua o recheio no meio de cada um dos discos e pincele as beiradas com um pouco de ovo batido. Junte as beiradas de cada disco e aperte-as, fechando os pastéis em formato de concha. Faça dois cortes na superfície de cada um para liberar o vapor durante o processo de cozimento.

Disponha os pastéis em uma assadeira e pincele-os com um pouco de ovo batido. Asse a 180°C por 35-40 minutos, até a massa dourar. Sirva quente, diretamente do forno, acompanhado de molho barbecue, se quiser.

rolinho de linguiça

Nada mais fácil do que preparar esse rolinho: basta escolher uma boa linguiça e uma massa folhada pronta de qualidade. Essas delícias são feitas com linguiça de porco e temperadas com cebola, ervas e um pouco de parmesão, que lhes garantem mais sabor. Adoro rolinhos grandes, fartos e suculentos. Se sua ideia for servir algo mais sofisticado, faça unidades pequenas, que ficam perfeitas como aperitivo.

8 unidades grandes ou 16 unidades pequenas

para a massa

500 g de massa folhada pronta · 1 ovo batido, para pincelar

para o recheio

8 linguiças calabresas sem pele e picadas finamente · 1 cebola pequena picada finamente · 3-4 folhas de sálvia picadas finamente · 3 colheres (sopa) de salsa lisa picada · 3 colheres (sopa) de parmesão ralado · sal e pimenta-do-reino moída na hora

Preaqueça o forno a 200°C.

Para fazer o recheio, misture a linguiça, a cebola, a sálvia, a salsa e o parmesão em uma tigela. Nessa etapa, é mais prático mexer com as mãos. Tempere com sal e pimenta-do-reino moída na hora.

Monte a primeira leva de rolinhos. Corte a massa ao meio e abra uma metade com o rolo, até obter um retângulo de 40 cm x 17 cm com 3 mm de espessura. Faça uma fileira horizontal com metade do recheio no meio do retângulo de massa, deixando 5 mm de beirada de cada lado. Pincele todo o retângulo com um pouco de ovo batido, enrole a massa sobre o recheio e aperte a beirada de ambos os lados com a ponta dos dedos ou um garfo, fechando bem.

Corte o rolo de massa recheado em quatro porções grandes ou em oito porções pequenas. Pincele a superfície dos rolinhos com um pouco de ovo batido e coloque-os em uma assadeira untada com óleo e forrada com papel-manteiga, deixando espaço entre eles. Leve ao forno a 200°C por 35-40 minutos, até a massa dourar e ficar crocante. Tire a assadeira do forno e transfira os rolinhos para uma grade, a fim de que esfriem.

Enquanto assa a primeira leva, prepare a segunda com a massa e o recheio restantes, repetindo a operação. Sirva quente, recém-saído do forno.

Rolinhos de linguiça recém-saídos do forno são os melhores aperitivos do mundo (pelo menos é o que eu e meu cachorro achamos).

tortinha de salmão, camarão e ervas frescas

A crocância e a leveza da massa semifolhada dessa farta receita contrasta perfeitamente com o recheio supercremoso à base de salmão defumado, camarão e ervas frescas. É deliciosa servida quente ou fria, acompanhada de salada verde ou sozinha, em um piquenique na praia. Comer peixe contemplando o mar tem sempre um sabor fantástico.

6 unidades

para a massa
450 g de massa semifolhada rápida (p. 19) · 1 ovo batido, para pincelar

para o recheio
200 g de salmão defumado picado · 250 g de camarão pequeno cru · 25 g de parmesão ralado · 2 colheres (sopa) de endro fresco picado · 1 dente de alho picado finamente · 150 g de mascarpone · raspas de 1 limão-siciliano · pimenta-do-reino moída na hora a gosto

Preaqueça o forno a 200°C.

Abra a massa em uma superfície enfarinhada até obter a espessura de 3 mm e corte seis discos com 12 cm de diâmetro e seis discos com 15 cm de diâmetro.

Misture o salmão defumado, o camarão, o parmesão, o endro, o alho, o mascarpone, as raspas de limão e pimenta-do-reino moída a gosto.

Coloque 2-3 colheres (sopa) de recheio no centro de cada disco de 12 cm. Pincele as beiradas com um pouco de ovo batido. Cubra com os discos maiores e aperte as beiradas para fechar as tortinhas.

Faça um pequeno corte no meio da cobertura e transfira-as para uma assadeira. Pincele a superfície de cada uma com um pouco de ovo batido e asse a 200°C por 20 minutos, até dourar e ficar crocante.

Sirva quente ou fria.

folhadinho de gruyère e erva-doce

Fácil de preparar, esse petisco leva massa folhada pronta. Não se preocupe se as unidades fica-rem parecidas com pequenos discos voadores ao saírem do forno, pois todo mundo vai ado-rar comê-las quentes como aperitivo, com um drinque para acompanhar.

12 unidades

para a massa
375 g de massa folhada pronta · 1 ovo batido, para pincelar

para o recheio
2 colheres (sopa) de azeite · 25 g de manteiga · 1 cebola pequena picada finamente · 1 bulbo pequeno de erva-doce picado finamente · 1 colher (chá) de semente de erva-doce · 75 g de gruyère ralado · sal e pimenta-do-reino moída na hora

Para fazer o recheio, aqueça o azeite e a manteiga em uma frigideira grande e acrescente a cebola, a erva-doce e a semente de erva-doce. Refogue em fogo baixo por 15 minutos, até amolecer. Adicione o queijo. Tire do fogo e deixe esfriar um pouco.

Abra a massa e corte doze discos de 5 cm de diâmetro para fazer a cobertura de cada folhado e doze discos de 4 cm de diâmetro para a base. Disponha os discos menores sobre uma assadeira grande e pincele-os com um pouco de ovo batido.

Distribua o recheio de erva-doce sobre eles, deixando 1 cm de beirada sem recheio. Cubra com os discos maiores e feche os folhados com um garfo, apertando as beiradas. Reserve na geladeira por 30 minutos.

Preaqueça o forno a 220°C.

Pincele a superfície dos folhados com um pouco de ovo batido e asse a 220°C por 20 minutos, até dourar e a massa inflar. Sirva morno.

cordeiro en croûte

Esse folhado combina o sabor do espinafre, dos cogumelos e do cordeiro macio. A carne fica envolta em uma massa crocante que retém os sucos do cozimento, deixando o recheio cremoso.

4 unidades

para a massa
300 g de massa podre especial (p. 16) · 1 ovo batido, para pincelar

para o recheio
4 colheres (sopa) de azeite · 4 filés de cordeiro (cerca de 150 g cada um) · ½ colher (sopa) cheia de manteiga · 125 g de cogumelo portobello picado grosseiramente · 1 dente de alho picado finamente · 4 tomates secos picados finamente · 2 filés de aliche picados finamente · 1 maço pequeno de hortelã fresca picado finamente · 200 g de folhas grandes de espinafre · 3 colheres (sopa) de marsala · 1 colher (sopa) de geleia de groselha (ou framboesa) · 300 ml de caldo de cordeiro · sal e pimenta-do-reino moída na hora

Preaqueça o forno a 200°C.

Para fazer o recheio, aqueça metade do azeite em uma frigideira e sele os filés de cordeiro, até dourarem. Retire-os da frigideira e reserve. Na mesma frigideira, aqueça o azeite restante com a manteiga, até começar a borbulhar. Adicione o cogumelo e refogue por cerca de 15 minutos, até dourar e ficar macio. Junte o alho, o tomate seco e a aliche. Tempere a gosto. Apure por 5 minutos, até a mistura ficar macia, com consistência pastosa. Tire do fogo e acrescente a hortelã picada. Reserve.

Lave bem o espinafre e cozinhe-o em uma panela grande com água fervente suficiente para cobri-lo, em fogo baixo, até as folhas murcharem, mas sem desmanchar. Escorra bem e deixe esfriar. Espalhe o recheio sobre os filés e enrole-os cuidadosamente com as folhas de espinafre.

Abra a massa em uma superfície ligeiramente enfarinhada, até obter a espessura de 3 mm. Corte em quatro tiras e embrulhe cada um dos filés com uma tira de massa. Disponha os folhados, com a emenda virada para baixo, sobre uma assadeira e pincele-os com um pouco de ovo batido. Asse a 200°C por 25-30 minutos, até a massa dourar e ficar crocante.

Enquanto isso, reaqueça a frigideira em que o cordeiro foi selado e despeje o marsala. Deglace a frigideira, raspando o fundo com uma colher de pau, e adicione a geleia. Despeje o caldo e ferva em fogo baixo, até o molho reduzir pela metade e ficar brilhante. Sirva os folhados acompanhados desse molho.

enrolado de aspargo

Essa receita leva recheio cremoso de presunto e queijo e fica linda com a ponta dos aspargos exposta. Simples de fazer, é perfeita para um jantar rápido *(fotos pp. 92-3)*.

6 unidades

para a massa
500 g de massa folhada pronta

para o recheio
100 g de cream cheese · raspas e suco de 1/2 limão-siciliano · 15 g de cebolinha-francesa picada · 25 g de parmesão ralado · 6 fatias finas de presunto cozido defumado · 600 g de aspargo sem o talo fibroso · 1 colher (sopa) de azeite · sal e pimenta-do-reino moída na hora

Preaqueça o forno a 200°C.

Abra a massa em uma superfície ligeiramente enfarinhada até obter a espessura de 3 mm. Corte seis quadrados idênticos.

Em uma tigela, misture bem o cream cheese, as raspas e o suco de limão, a cebolinha-francesa e o parmesão (reserve uma pequena porção). Tempere com um pouco de sal e pimenta-do-reino. Divida o recheio entre os seis quadrados de massa, espalhando-o ligeiramente, e então disponha as fatias de presunto cozido. Coloque alguns aspargos no sentido diagonal do quadrado de massa e dobre sobre eles os lados da fatia de presunto. Dobre também a beirada inferior de massa sobre a base dos aspargos, deixando as pontas verdes expostas na outra extremidade. Pincele as beiradas da massa com um pouco de água. Dobre os lados do quadrado de massa, sobrepondo-os ligeiramente sobre os aspargos, como um envelope, e aperte, fechando o enrolado.

Pincele a superfície da massa e a ponta dos aspargos com um pouco de azeite e salpique com o parmesão reservado. Asse a 200°C por 20 minutos, até a massa dourar e ficar aerada e os aspargos amaciarem. Sirva imediatamente.

pastel folhado de queijo de cabra, alho assado e batata-doce

É maravilhoso o contraste do queijo de cabra derretido com a crocância da massa folhada e a doçura da batata-doce e do alho assado! Esses pastéis são uma opção divina para o jantar, sobretudo se acompanhados de salada de endívia e rúcula.

4 unidades

para a massa
375 g de massa folhada pronta · 1 ovo batido, para pincelar

para o recheio
1 colher (sopa) de azeite · 2 batatas-doces (ou 500 g) descascadas e fatiadas finamente · 3 ramos de tomilho fresco · 8 dentes de alho com casca · 2 unidades de queijo de cabra macio em forma cilíndrica · sal e pimenta-do-reino moída na hora

Preaqueça o forno a 200°C.

Misture o azeite, as fatias de batata-doce, bastante tomilho (reserve uma parte para o recheio) e o alho em uma assadeira grande. Tempere com um pouco de sal e pimenta-do-reino a gosto e asse em forno a 200°C por 15 minutos, até a batata-doce ficar macia e dourar e o alho ficar pastoso. Tire a assadeira do forno e, em seguida, retire a batata-doce da assadeira. Reserve até esfriar.

Abra a massa e corte-a em quatro quadrados de 18 cm.

Retire a casca do alho assado, amasse-o e distribua-o sobre cada quadrado de massa (utilize 2 dentes de alho por porção). Reserve metade das fatias de batata-doce e distribua-as sobre o purê de alho, salpicando com um pouco de tomilho. Corte ao meio os cilindros de queijo de cabra e coloque uma porção de queijo sobre a batata-doce em cada um dos quadrados de massa. Finalize com mais uma camada de batata-doce.

Dobre todos os lados do quadrado em direção ao centro, formando um envelope e cobrindo completamente o recheio. Aperte bem as beiradas, fechando os pastéis. Coloque-os sobre uma assadeira, pincele com um pouco de ovo batido e asse a 200°C por 20 minutos, até a massa dourar e inflar e o queijo derreter. Sirva os pastéis enquanto estiverem quentes.

empanada

Preferida dos argentinos e também apreciada na Espanha, é consumida a qualquer hora. O uso de cominho, páprica e uva-passa no recheio é inspirado nos temperos do Norte da África e da Catalunha. A massa, macia e elástica, facilita o preparo.

20 unidades

para a massa

350 g de farinha de trigo · 1/4 de colher (chá) de sal · 175 g de manteiga em temperatura ambiente · 1 ovo batido · 100 ml de água morna · leite, para pincelar

para o recheio

1 colher (sopa) de óleo vegetal · 1 cebola picada finamente · 350 g de carne bovina moída · 1 pimentão vermelho picado finamente · 2 dentes de alho picados finamente · 1 colher (sopa) de extrato de tomate · 1 colher (chá) de flocos de pimenta-calabresa · 1 colher (chá) de semente de cominho · 1 colher (chá) de páprica defumada · 25 g de uva-passa escura · sal e pimenta-do-reino moída na hora

Para fazer a massa, coloque a farinha e o sal em uma tigela grande. Adicione a manteiga e o ovo e despeje a água aos poucos, misturando ligeiramente, até ficar firme. Trabalhe a massa por mais 5-10 minutos, até homogeneizar. Cubra-a com filme de PVC e deixe descansar por 15 minutos enquanto prepara o recheio.

Para fazer o recheio, aqueça o óleo em uma panela grande e refogue a cebola por alguns minutos, até começar a amolecer. Adicione a carne moída e refogue até dourar. Junte o pimentão vermelho, o alho, o extrato de tomate, a pimenta-calabresa, a semente de cominho e a uva-passa. Tempere com sal e pimenta-do-reino moída a gosto. Acrescente um pouco mais de água se o recheio parecer seco demais. Mantenha em fogo baixo por 5 minutos, tire do fogo e deixe esfriar.

Preaqueça o forno a 200°C.

Abra a massa até obter a espessura de 3 mm. Utilize um pires pequeno como modelo para cortar 24 discos de massa com 12 m de diâmetro. Divida o recheio entre eles e pincele as beiradas com um pouco de água. Dobre a massa ao meio, cobrindo o recheio, e aperte as beiradas com a ponta dos dedos, para fechar as empanadas. Torça as beiradas de massa ou aperte-as com um garfo. Pincele a superfície das empanadas com um pouco de leite e asse a 200°C por 10-15 minutos, até dourar. Sirva mornas.

tortinha de vieira, caranguejo e pimenta-de-caiena

As conchas vazias de vieira compõem um recipiente interessante para assar tortinhas. Tenha apenas o cuidado de limpá-las bem depois de retirar as vieiras, escovando a superfície para remover possíveis impurezas. Uma alternativa para conseguir as conchas é pedir ao peixeiro que guarde algumas para você, pois elas costumam sobrar.

4 unidades

para a massa

375 g de massa folhada pronta · leite, para pincelar

para o recheio

20 g de manteiga · 2 echalotas picadas finamente · 6 fatias finas de pancetta picadas finamente · 8 vieiras grandes com coral · 150 g de carne de caranguejo · uma pitada de pimenta-de-caiena · raspas de 1/2 limão-siciliano · 2 colheres (sopa) de salsa lisa picada finamente · 3 colheres (sopa) de cream cheese · sal e pimenta-do-reino moída na hora

Preaqueça o forno a 200°C.

Derreta a manteiga em uma frigideira pequena e refogue as echalotas em fogo baixo por alguns minutos. Junte a pancetta e frite por mais 3 minutos. Corte horizontalmente as vieiras em três fatias e os corais ao meio. Em uma tigela, coloque as vieiras, os corais e a carne de caranguejo, adicione o refogado de cebola e pancetta e tempere com a pimenta-de-caiena, as raspas de limão e a salsa. Junte o cream cheese e tempere com sal e pimenta-do-reino.

Divida o recheio entre as conchas limpas e secas e disponha-as sobre uma assadeira.

Abra a massa até obter a espessura de 3 mm e corte quatro discos com 1 cm além do diâmetro das conchas. Cubra cada concha com um disco de massa e aperte bem na beirada, cortando os excessos. Pincele a superfície da torta com um pouco de leite e asse a 200°C por 15 minutos, até dourar e inflar. Sirva imediatamente.

torta escocesa

Milhares dessas tortas são vendidas diariamente na Escócia. Muito consumidas no intervalo de jogos, as deliciosas *Scotch pies* costumam trazer molho, ervilhas ou feijão cozido como acompanhamento. Em geral, são assadas em fôrmas de 8 cm de diâmetro e 4 cm de profundidade, mas você pode fazê-las sobre potes de geleia com a boca virada para baixo. É preciso deixar um bom espaço entre o recheio e a borda, para poder colocar molho.

Todo cozinheiro escocês tem uma receita própria e uma combinação especial de temperos e ingredientes secretos para preparar essa iguaria. Mas uma *Scotch pie* só é digna desse nome se incluir carne de cordeiro ou carneiro no recheio, assim como uma pitada de macis ou noz-moscada. Utilize carne magra de boa qualidade, fundamental para o bom resultado da receita.

Se não quiser assar todas as tortas de uma vez, congele-as cruas e asse-as posteriormente, conforme a necessidade *(fotos do preparo abaixo e pp. 100-1)*.

8 unidades

para a massa

450 g de massa de água quente (p. 21) · 1 ovo batido, para pincelar

para o recheio

1 colher (chá) de óleo vegetal · 450 g de carne magra de cordeiro moída · 1 colher (chá) de molho inglês · 1 cebola pequena picada finamente · 1/4 de colher (chá) de noz-moscada ralada na hora · 4 colheres (sopa) de caldo de cordeiro · sal e pimenta-do-reino moída na hora

Preaqueça o forno a 180°C.

Unte a parte externa e a base de oito potes de vidro de geleia com 8 cm de diâmetro (se você não os tiver, prepare as tortinhas aos poucos, com os vidros de que dispuser). Divida a massa em duas porções. Reserve uma delas na geladeira para fazer a cobertura e utilize a outra metade para fazer oito bolinhas de massa. Em uma superfície ligeiramente enfarinhada, abra as bolinhas até obter a espessura de 5 mm, fazendo discos de massa grandes o suficiente para cobrir até 6 cm dos lados dos potes virados. Aperte cada disco contra o fundo e as laterais dos vidros (1ª foto p. ao lado) e reserve até a massa esfriar.

Corte oito tiras de papel-manteiga da mesma altura da massa nas laterais do pote. Envolva a massa com a tira de papel-manteiga e amarre-a com um barbante (2ª foto p. ao lado). Leve esses vidros cobertos de massa à geladeira por 30 minutos, até firmarem.

Para o recheio, misture todos os ingredientes e tempere com sal e pimenta. Com cuidado, tire a massa dos potes de geleia e coloque-a sobre uma assadeira. Divida o recheio entre os cestinhos de massa, apertando-o bem.

Abra a massa restante para fazer as oito coberturas. Umedeça as beiradas das tortinhas com um pouco de água e coloque a cobertura, acomodando a beirada ligeiramente para dentro. Aperte com a ponta dos dedos, para fechar bem.

Pincele a superfície com um pouco de ovo batido e faça um orifício no meio da cobertura para liberar o vapor. Asse a 180°C por 45 minutos ou até a massa dourar. Sirva quente, adicionando molho (p. 185) pelo orifício na cobertura da massa.

torta fácil de carne do Barney

Eu acho essa receita genial, além de deliciosa! Ela foi criada pelo meu amigo Barney, que teve a brilhante ideia de uma torta em que não fosse preciso pesar todos os ingredientes! Existe um modo de preparar mais prático do que esse? A receita da massa pede ingredientes cujo peso já está determinado na embalagem (um tablete inteiro de manteiga, meio pacote de farinha etc.).

Essa receita rende oito tortinhas. O recheio é tão maravilhoso que você pode também separar uma porção para consumir como prato principal ou congelar o restante para outras ocasiões. Ele é feito basicamente com carne cozida no vinho tinto, que fica ainda melhor com um toque agridoce de vinagre balsâmico e uma pitada de flocos de pimenta-calabresa. O toque especial no recheio, no entanto, é dado pelo sabor sublime do queijo stilton, um queijo azul inglês.

8 unidades

para a massa

1/2 pacote de farinha de trigo (ou 500 g) · 1 tablete de manteiga (ou 250 g) cortado em cubos · 1 ovo batido, mais um para pincelar · 70-100 ml de água · sal e pimenta-do-reino moída na hora

para o recheio

2 colheres (sopa) de óleo de girassol · 1 kg de maminha ou músculo cortada em cubos grandes · 4 cenouras cortadas em cubos grandes · 1 cebola grande picada grosseiramente · 1 dente de alho · uma pitada de flocos de pimenta-calabresa · 4 colheres (sopa) de farinha de trigo · uma dose cheia de vinagre balsâmico · 1 garrafa de vinho tinto encorpado · 1 buquê garni (macinho de salsa, tomilho e louro) · 150 g de queijo stilton (ou outro queijo azul) amassado

Para fazer a massa, bata no processador a farinha, a manteiga, uma pitada de sal e um pouco de pimenta-do-reino moída, até obter uma farofa. Despeje o ovo e a água e bata novamente, até formar uma bola de massa. Embale a massa em filme de PVC e deixe descansar na geladeira por 30 minutos antes de usar.

Preaqueça o forno a 160°C.

Em uma panela de ferro fundido com cabo refratário, aqueça o óleo até começar a fumegar, acrescente metade dos cubos de carne e frite por 5 minutos (atenção: não use o garfo para espetar a carne a fim de virá-la ou de tirá-la da panela). Vire uma vez os cubos na panela, para dourá-los uniformemente. Então, retire-os com uma escumadeira e repita a operação com a outra metade dos cubos.

Quando terminar de dourar a segunda leva, acrescente a cenoura, a cebola, o alho e a pimenta-calabresa à panela e refogue por 8-10 minutos, até começarem a amolecer. Adicione a farinha e refogue por 2 minutos, até a farinha começar a dourar. Junte o vinagre balsâmico, deixe ferver por 2 minutos e então acrescente o vinho tinto. Recoloque os cubos de carne (com o caldo que eles soltaram) na panela e tempere generosamente com sal e um pouco de pimenta. Deixe levantar fervura, acrescente o buquê garni, tampe e leve ao forno a 160°C por 2 horas, até a carne ficar macia a ponto de desfiar. Tire do forno e deixe esfriar.

Aumente a temperatura do forno para 220°C e insira a assadeira para aquecê-la enquanto abre a massa. Faça-o em uma superfície enfarinhada, até obter a espessura de 3 mm, e corte discos para forrar oito forminhas de torta (ou descartáveis de alumínio).

Divida o recheio frio entre as forminhas forradas de massa e salpique o stilton. Abra a massa restante e corte as coberturas. Pincele as beiradas das tortinhas com um pouco de água e cubra com os discos de massa. Feche apertando bem a cobertura sobre as forminhas e aparando o excesso de massa. Pincele a superfície com um pouco de ovo batido.

Coloque as tortinhas sobre a assadeira quente e asse a 220°C por 10 minutos. Depois, baixe a temperatura do forno para 180°C e asse por mais 30 minutos, até dourar. Tire do forno e espere, no mínimo, 10 minutos. Isso facilita desenformar para servir.

tortasespeciais

Não pense em fazer no dia a dia as tortas desta seção. Elas são especiais porque exigem tempo e dedicação para o preparo dos recheios e da decoração caprichada de massa, no formato de rosas e folhas. Mas garanto que você vai receber a recompensa ao tirar uma perfeita escultura de massa do forno e fatiá-la para o deleite de seus convidados.

Outro aspecto interessante dessas tortas é sua origem histórica. Nos tempos passados, a massa suntuosamente decorada servia apenas como recipiente para proteger e conservar as carnes nobres e suculentas do recheio, sendo descartada depois. É por essa razão que essas iguarias são forradas e cobertas com massa de água quente (p. 21), que desafia todas as regras tradicionais para o preparo de tortas, mas garante um resultado perfeito – recipientes resistentes o bastante para acomodar carnes substanciosas.

A massa de água quente possui a estrutura necessária para suportar cozimentos longos e, ao mesmo tempo, absorver os sucos e as gorduras liberados pela carne sem perder a crocância.

As tortas nobres têm beiradas muito altas trabalhadas à mão. No passado, costumavam ser decoradas com o auxílio de um molde de madeira que dava à massa um formato especial. Se você não dispuser de um molde antigo, use uma fôrma de bolo com aro removível. A massa de água quente permite ser trabalhada com liberdade, como se fosse uma peça de argila. É possível remendar facilmente as rachaduras e os buraquinhos na massa, dando-lhe a forma desejada.

O recheio dessas tortas costuma se reduzir durante o cozimento. Por isso, as receitas indicam que se adicione um caldo gelatinoso quente, o qual vai se firmar quando a torta esfriar. Esse caldo, que mantém a umidade da carne e lhe reforça o sabor, é fácil de fazer, mas deve ser preparado dois dias antes. Para um bom caldo, utilize os ossos da carne que estiver usando no recheio e cozinhe-os por algumas horas, acrescentando também pés de porco, legumes e ervas.

torta alta de carne de caça

Essa torta fica muito bonita quando assada em uma fôrma tradicional – e é mais provável encontrar esse utensílio apenas em lojas de antiguidades ou em sites na internet. Os modelos novos são mais caros, assim o investimento só vale a pena se o preparo desse tipo de receita for frequente. De qualquer forma, a torta pode ser assada em uma fôrma redonda de fundo removível.

Na Inglaterra, varia-se o recheio segundo o gosto e a estação. As carnes de cervo, faisão e coelho selvagem são ótimas escolhas. O açougueiro que me atende é um especialista e vende uma mistura de diferentes carnes de caça já limpa, desossada e picada, o que facilita muito.

8 porções

para a massa
500 g de massa de água quente (p. 21), o suficiente para forrar uma fôrma de 20 cm de profundidade · 1 ovo batido, para pincelar

para o recheio
25 g de manteiga · 1 cebola picada finamente · 2 dentes de alho picados finamente · 900 g de carnes de caça variadas (*ver p. 34*) desossadas e cortadas em cubos de 1 cm · 2 colheres (sopa) de brandy · 450 g de lombo suíno moído · uma pitada de canela em pó · uma pitada de gengibre em pó · 4 colheres (sopa) de ervas frescas variadas (como salsa e tomilho) picadas · 225 g de fatias finas de bacon · sal e pimenta-do-reino moída na hora

para o caldo gelatinoso
600 ml de caldo gelatinoso feito dos ossos das carnes utilizadas no recheio (*ver p. 117*)

Aqueça a manteiga em uma frigideira grande e refogue a cebola e o alho em fogo baixo por 10 minutos, até amolecerem. Tire do fogo e transfira para uma tigela grande. Acrescente os cubos de carne, o brandy, o lombo, a canela, o gengibre e as ervas frescas. Acerte o tempero. Reserve.

Preaqueça o forno a 200°C. Coloque uma assadeira de fundo grosso no forno para aquecer.

Separe um terço da massa para a cobertura. Abra a massa restante em um disco com 12 cm de diâmetro a mais do que a base da fôrma (utilize um modelo de fundo removível com 20 cm de profundidade). Forre a fôrma com a massa aberta, deixando o excedente pender. Verifique se a massa está lisa, sem rachaduras ou buracos, e se as beiradas têm a mesma largura. Abra a massa reservada em um disco suficientemente grande para a cobertura e reserve.

Disponha as fatias de bacon na base e nas laterais da fôrma. Coloque o recheio na fôrma até o limite da borda, fazendo um "montinho" para apoiar a cobertura. Pincele as beiradas de massa pendentes com um pouco de ovo batido e insira a cobertura. Aperte a massa contra a borda da fôrma, fechando bem, e apare o excedente. Pincele a superfície da torta com um pouco de ovo batido. Use as aparas para a decoração. Pincele-a com um pouco de ovo batido e faça um orifício no meio para liberar o vapor. Coloque a torta sobre a assadeira aquecida e asse a 200°C por 30 minutos. Reduza a temperatura para 160°C e deixe por mais 2 horas. Se a massa começar a dourar rápido demais, cubra a superfície da torta com papel-alumínio.

Com a torta ainda morna, aqueça o caldo gelatinoso até derreter e despeje-o pelo orifício da superfície. Deixe a torta esfriar completamente antes de desenformá-la.

torta alta de peixe

Como o peixe cozinha mais rápido que a carne, essa iguaria dispensa um cozimento longo e a massa de água quente. A massa podre especial, feita com manteiga e banha de porco, acomoda muito bem o recheio delicado. Sirva essa torta fria, cortada em pedaços e acompanhada de maionese de limão e ervas.

1 torta com 18 cm de diâmetro

para a massa
300 g de massa podre especial (p. 16) · leite, para pincelar

para o recheio
450 g de filé de salmão fresco · 300 ml de caldo de peixe · 225 g de salmão defumado · 1 ovo batido · 2 colheres (sopa) de creme de leite fresco · raspas finas e suco de 1 limão-siciliano · 1 maço pequeno de salsa lisa picado finamente · pimenta-do-reino moída na hora

Preaqueça o forno a 200°C. Coloque uma assadeira de fundo grosso no forno para aquecer.

Abra dois terços da massa em um disco grande o bastante para forrar a base e as laterais de uma fôrma de fundo removível de 18 cm de diâmetro, deixando um excesso de 2 cm que ultrapasse a fôrma. Abra a massa restante em um disco que sirva como cobertura. Reserve na geladeira até o momento de rechear.

Para fazer o recheio, disponha o filé de salmão em uma frigideira funda com o caldo de peixe. Leve ao fogo médio e deixe levantar fervura. Cozinhe por 4-5 minutos, até o peixe soltar lascas ao ser espetado com um garfo. Escorra e reserve 4 colheres (sopa) de caldo para regar posteriormente a torta assada. Com o auxílio de um garfo, puxe as lascas do peixe, soltando-as da pele. Reserve.

Bata o salmão defumado, o ovo, o creme de leite, a salsa e o suco e as raspas de limão em um processador. Tempere com pimenta-do-reino moída a gosto.

Espalhe a pasta de salmão defumado no fundo e nas laterais da fôrma e distribua as lascas de salmão no centro da base de massa.

Pincele as beiradas da massa com um pouco de leite, insira a cobertura e aperte as beiradas contra a borda da fôrma, fechando bem e aparando a massa excedente. Faça um orifício no meio para liberar o vapor. Pincele a superfície da torta com um pouco de leite e asse a 200°C por 35 minutos, até dourar. Com a torta ainda morna, regue com o caldo reservado pelo orifício na superfície.

torta Melton Mowbray de carne de porco

Fazer uma torta de carne de porco não é difícil – o processo exige mais tempo do que dotes culinários. E o esforço vale muito a pena: é sempre recompensador preparar algo tão saboroso.

Peça para o açougueiro retirar os ossos da paleta de porco e reserve-os para fazer o caldo gelatinoso. Compre também pés de porco, pois eles dão muito sabor ao caldo. Uma típica torta Melton Mowbray tem as laterais ligeiramente curvadas por causa do peso do recheio, que faz a massa ceder um pouco. Como nem sempre é fácil moldar uma torta à mão, você pode optar por uma fôrma redonda de fundo removível com 20 cm de diâmetro.

Se quiser preparar tortinhas, utilize potes de vidro de geleia para assar a massa (como na receita de Torta escocesa, p. 102), cobrindo as laterais da massa com uma tira de papel-manteiga amarrada com barbante.

1 torta com 20 cm ou 6 unidades com 10 cm de diâmetro

para a massa
500 g de massa de água quente (*p. 21*) · 1 ovo batido, para pincelar

para o caldo gelatinoso
ossos de porco, mais 1 pé de porco · 1 cenoura grande · 1 cebola · 1 buquê garni (macinho de salsa, tomilho e louro) · sal · 12 grãos de pimenta-do-reino

para o recheio
900 g de paleta de porco com osso · 250 g de fatias grossas de bacon · 2 colheres (sopa) de sálvia fresca picada · uma pitada de noz-moscada ralada na hora, canela e pimenta-da-jamaica em pó · 1 colher (chá) (ou a gosto) de óleo de aliche em conserva

Comece preparando o caldo gelatinoso. Coloque todos os ingredientes do caldo em uma panela grande e cubra com 1,5 litro de água fria. Leve ao fogo, deixe levantar fervura, tampe e cozinhe em fogo baixo por 2 horas. Passe o caldo por uma peneira, recoloque-o na panela, leve ao fogo médio-alto e espere levantar fervura novamente. Deixe reduzir até 600 ml. Tempere com um pouco de sal e deixe esfriar. Esse caldo se conserva na geladeira por até 4 dias.

Para fazer o recheio, pique a paleta e o bacon em pedaços de 1 cm. Bata metade dos cubos de paleta e de bacon no processador, utilizando a função "pulsar", até obter uma mistura grosseiramente picada. Transfira para uma tigela e junte a outra metade das carnes, misturando bem. Adicione a sálvia, as especiarias e o óleo de aliche.

Separe um terço da massa para a cobertura. Abra a massa restante até obter um disco de 26 cm de diâmetro para forrar a base e as laterais de uma fôrma redonda de fundo removível com 20 cm de diâmetro, deixando um excesso que ultrapasse a fôrma (se quiser fazer tortinhas, siga o método de preparo da Torta escocesa, p. 102). Abra a massa reservada para a cobertura.

Preaqueça o forno a 200°C.

Recheie a torta até o limite da borda da fôrma, fazendo um "montinho" para apoiar a cobertura. Pincele as beiradas da massa com um pouco de ovo batido, insira a cobertura e aperte as beiradas contra a borda da fôrma, fechando bem. Apare a massa excedente, pincele a superfície com o ovo batido e corte um orifício no centro da cobertura.

Asse a 200°C por 30 minutos, baixe a temperatura do forno para 160°C e asse por mais 60 minutos. (Se estiver fazendo tortinhas, asse a 200°C por 20 minutos e, em seguida, a 160°C por mais 50 minutos.) Tire a torta do forno e destrave o aro. Pincele a massa com o ovo batido restante e recoloque no forno por mais 30 minutos a 160°C, até dourar.

Deixe a torta esfriar um pouco, aqueça o caldo gelatinoso e despeje-o pelo orifício na superfície. Se necessário, use um funil. O caldo precisa estar quente para penetrar bem no recheio. Verta aos poucos, para não transbordar.

Deixe a torta esfriar por uma noite e sirva-a em pedaços.

torta alta de vitela e presunto

Na Inglaterra, é comum encontrar essa torta na forma industrializada, conhecida como torta gala. Sua marca registrada são os ovos dispostos a partir do centro. Como eles conseguem fazer com que cada pedaço venha com uma fatia de ovo? É um mistério para o qual nunca saberemos a resposta.

Há muitas receitas históricas dessa torta e dezenas de variações regionais. A versão tradicional é feita com vitela e presunto cozido – uma vaga lembrança na torta industrializada, que leva carne de porco e presunto. Essa versão tem um recheio maravilhoso, leve e aromático, e com certeza vale o tempo e o esforço para uma ocasião especial. Adoro saboreá-la com picles, mostarda, rabanete, um queijo duro forte e um copo de sidra seca *(fotos nas páginas anteriores).*

8 porções

para a massa

500 g de massa de água quente (*p. 21*) · um ovo batido, para pincelar

para o recheio

450 g de carne de vitela para ensopados (paleta ou vitela) · 450 g de presunto cozido · 4 colheres (sopa) de salsa lisa picada · raspas e suco de 1 limão siciliano · 4 ovos cozidos (ponto de cozimento bem firme) e descascados · pimenta-do-reino moída na hora

para o caldo gelatinoso

200 ml de caldo gelatinoso (ver Torta Melton Mowbray de carne de porco, p. 117) preparado com antecedência

Preaqueça o forno a 200°C. Coloque uma assadeira de fundo e laterais grossas no forno.

Separe um terço da massa para a cobertura. Abra a massa restante até obter um disco oval grande o suficiente para cobrir uma fôrma de 30 cm x 11 cm, deixando um excesso de 2 cm que ultrapasse a borda da fôrma. Abra o terço de massa separado para a cobertura até obter um disco oval grande o suficiente para cobrir a torta e reserve.

Pique a carne de vitela em cubos de cerca de 5 mm. Em uma tigela, reúna a vitela, a salsa, as raspas e o suco de limão e pimenta-do-reino a gosto (o presunto já tem sal suficiente, portanto não será necessário salgar o recheio).

Espalhe uma camada de recheio sobre a massa e distribua os ovos por cima, enfileirados em uma linha vertical no meio da fôrma. Espalhe o recheio restante, apertando-o ligeiramente contra os ovos.

Pincele as beiradas da massa com um pouco de ovo batido. Cubra o recheio com o disco de massa reservado e belisque as beiradas do disco, fechando bem a torta e aparando os excessos. Utilize as sobras de massa para fazer folhas decorativas. Pincele a superfície com um pouco de ovo batido e abra um orifício no meio da cobertura da torta. Distribua as folhas de massa sobre a cobertura e pincele-as também com um pouco de ovo batido.

Leve a torta ao forno na fôrma sobre a assadeira previamente aquecida a 200°C por 30 minutos; reduza a temperatura para 160°C e deixe mais 1h30. Se a massa começar a dourar rapidamente, cubra-a com papel-alumínio.

Retire a torta do forno e deixe esfriar por 10 minutos.

Aqueça o caldo gelatinoso e despeje-o por um funil inserido no orifício da cobertura. Deixe a torta esfriar por completo antes de servi-la cortada em fatias.

As tortas da Mrs King's

Os irmãos Paul, Ian e Neil Harland, donos da Mrs King's Pork Pies de Cropwell Bishop, em Nottinghamshire, de fato entendem e gostam do produto que vendem – autênticas tortas de carne de porco, feitas artesanalmente com todo o carinho. Desde que a primeira torta Melton Mowbray ganhou popularidade como comida pronta, que os caçadores de Leicestershire levavam em seus alforjes, as tortas passaram a ser feitas com carne de porco fresca em vez de curada. Essa é uma das principais diferenças entre a Melton Mowbray e

outras tortas similares. Paul, um cozinheiro *extraordinaire*, insiste na melhor fonte local de carne de porco e prepara ele mesmo todos os recheios. Outra característica marcante é o revestimento da torta – deve ser de massa de água quente, sem nenhum suporte externo como uma fôrma ou aro. Ao ver a dedicação de Paul ao trabalho, fico com a certeza de que os outros fabricantes não dedicam tanto tempo nem esforço ao produto – hoje quase todas as tortas produzidas em série são feitas por máquinas.

As tortas artesanais são modeladas, recheadas, depois assadas em bandejas até dourarem e borbulharem. Então, despeja-se pelos furinhos da

MOWBRAY
PORK PIE
£4.50
PORK PIES

As autênticas tortas de porco artesanais têm massa crocante e recheio firme e saboroso.

superfície uma geleia caseira, que precisa esfriar e se firmar. O cuidado e o esforço investidos no preparo só aparecem de fato no produto final. As tortas são deliciosas, crocantes e saborosas, e não consigo visitar o Borough Market de Londres, onde eles têm um quiosque, sem comprar uma.

Das milhares de tortas de carne de porco produzidas na Grã-Bretanha a cada ano, somente 3 milhões vêm da área de Melton Mowbray. Muitas fábricas espalhadas pelo país incluem o nome Melton Mowbray em suas tortas, por ser sinônimo de prestígio e qualidade. Mas as coisas vão mudar – foi feito um pedido de status privilegiado à Comissão Europeia de Bruxelas para as autênticas tortas Melton Mowbray (como já existe para outros famosos alimentos britânicos como o queijo stilton, a brown ale de Newcastle, as ostras whitstable e o creme cornish). A petição deseja que somente as tortas de carne de porco produzidas em uma área claramente definida no Vale de Belvoir e em seu entorno, feitas com os ingredientes certos e por métodos tradicionais, possam ser rotuladas de tortas Melton Mowbray. Tomara que isso ponha fim à confusão acerca da idendidade da verdadeira torta Melton Mowbray, e, quando você comprar uma, poderá esperar uma massa crocante, com recheio substancioso e suculento, de aroma fresco – tão deliciosa quanto eles prometem.

torta de groselha-espinhosa*

Essa antiga receita tem sabor e aparência surpreendentes. Ela é feita com ingredientes comuns, e o que importa é que sejam bem fescos. Sirva a torta acompanhada de creme de leite batido.

1 torta com 15 cm

para a massa
500 g de massa de água quente (*p. 21*) · um ovo batido, para pincelar

para o recheio
600 g de groselha-espinhosa sem cabinhos · 200 g de geleia de maçã · 2 colheres (sopa) de açúcar

Preaqueça o forno a 200°C.

Separe um terço da massa para a cobertura. Abra a massa restante até obter um disco grande o suficiente para forrar o fundo e as laterais de uma fôrma de fundo removível com 15 cm de diâmetro, deixando um excesso de 2 cm que ultrapasse a borda da fôrma. Abra a massa separada até obter um disco para a cobertura.

Distribua a groselha-espinhosa na fôrma, empilhando-as um pouco no centro da torta para dar suporte à cobertura. Pincele a beirada da torta com ovo batido. Aperte a massa contra a borda da fôrma, fechando-a bem, e apare o excesso. Faça um orifício no centro da cobertura. Pincele a superfície da torta com um pouco de ovo batido e polvilhe com açúcar. Leve para assar a 200°C por 30 minutos, reduza a temperatura do forno para 180°C e deixe por mais 30 minutos.

Deixe a torta esfriar um pouco. Aqueça a geleia de maçã em uma panela pequena, em fogo baixo, até derreter e ficar mais líquida; despeje-a dentro da torta pelo funil inserido no orifício da cobertura. Deixe a torta esfriar por completo antes de servi-la em pedaços.

* A groselha-espinhosa é cultivada em climas temperados, frios e úmidos, por isso não é encontrada com facilidade no Brasil. Para essa receita, é possível substituir por uva itália.

torta de carne de caça* com cranberry

Essa torta tem um recheio sofisticado, à base de carne de veado, vinho do porto e cranberry. O cranberry glaceado é uma ótima opção de cobertura, em vez de massa, devido ao sabor ácido que contrasta com o recheio substancioso.

1 torta de 18 cm

para a massa
450 g de massa de água quente (*p. 21*)

para o recheio
900 g de pescoço, peito e paleta de carne de caça a seu gosto cortados em cubos de 2 cm · 300 ml de vinho tinto ou vinho do porto · 25 g de manteiga · 2 echalotas bem picadas · 6 fatias de bacon defumado bem picadas · 100 g fígado de cordeiro ou vitela bem picado · um maço de salsa lisa bem picado · sal e pimenta-do-reino moída na hora · 4 colheres (sopa) de geleia de groselha (ou framboesa) · 250 g de cranberry descongelado ou fresco

para o caldo gelatinoso
200 ml de caldo gelatinoso (ver Torta Melton Mowbray de Porco, p. 117) preparado com antecedência

Para o recheio, marine os cubos da carne de caça escolhida em uma tigela grande com o vinho, sal e pimenta-do-reino moída na hora a gosto. Reserve.

Aqueça a manteiga em uma frigideira grande e refogue as echalotas por alguns minutos até amolecer. Acrescente o bacon e o fígado e frite por mais alguns minutos até dourar uniformemente. Tire do fogo e deixe esfriar.

Preaqueça o forno a 200°C. Coloque uma assadeira de fundo e laterais grossas no forno.

Abra a massa em um disco grande o suficiente para forrar o fundo e as laterais de uma fôrma de fundo removível com 25 cm de diâmetro, deixando um excesso de 2 cm que ultrapasse a borda da fôrma.

Misture bem o refogado e a carne marinada e espalhe sobre a base. Asse a 200°C por 2 horas até o recheio ficar completamente cozido e macio. Deixe esfriar, aqueça o caldo gelatinoso em uma panela pequena (reserve cerca de 50 ml do caldo para pincelar a torta) e regue a torta com cuidado, sem deixar transbordar. Deixe esfriar e firmar.

Em uma panela, aqueça a geleia de groselha e o cranberry até amolecer, mas sem desmanchar. Distribua o cranberry glaceado sobre a torta e regue com o caldo gelatinoso reservado. Deixe firmar.

* A receita original sugere carne de veado, mais magra que a de boi, mas, pela dificuldade de encontrá-la no Brasil, sugerimos outras carnes, como a de avestruz, javali, capivara e cateto.

tortasdoces

As tortas doces são maravilhosas: o único porém é que você precisa esperar que esfriem antes de degustá-las. A combinação de massa leve e crocante com frutas frescas, chocolate cremoso ou frutas secas é sempre motivo de alegria.

Da simples torta de maçã servida com creme inglês às tradicionais mince pies de frutas secas acompanhadas de manteiga de brandy, muitas receitas resistiram à passagem do tempo e continuam a fazer sucesso.

Este capítulo traz tanto receitas tradicionais como algumas ideias criativas. Seja qual for a sua opção, sirva a torta morna, acompanhada de uma porção generosa de creme inglês ou do sorvete de sua preferência. Bom apetite!

pera crocante com chocolate e amêndoa

Além de bonita, essa sobremesa é deliciosa: a maciez da pera cozida e a cremosidade do recheio de chocolate e amêndoa contrastam com a crocância da massa folhada numa combinação perfeita. Experimente também com maçã.

4 porções

para a massa

500 g de massa folhada pronta · 1 ovo batido, para pincelar

para o recheio

70 g de chocolate meio amargo · 3 colheres (sopa) de creme de leite fresco · 40 g de farinha de amêndoa · 4 peras maduras

Preaqueça o forno a 200°C.

Descasque as peras, mantendo o cabinho. Com uma faca afiada, faça uma cavidade dentro das frutas: insira o utensílio pela base (até 2,5 cm do cabinho) e gire-o dentro da pera, retirando o miolo, mas mantendo as frutas inteiras.

Derreta o chocolate em uma panela pequena com o creme de leite em fogo baixo. Tire do fogo e acrescente a farinha de amêndoa. Reserve até esfriar.

Recheie a cavidade de cada pera com o creme de chocolate, acomodando-o dentro da fruta com o auxílio de uma colher de chá ou com a ponta dos dedos.

Abra a massa folhada em um grande quadrado de 40 cm com 3 mm de espessura. Corte a massa pela metade, depois pela metade novamente, obtendo quatro quadrados iguais de 20 cm. Disponha uma pera no centro do quadrado e envolva-a com a massa, cobrindo-a completamente. Repita a operação com as peras restantes. Talvez seja necessário aparar a massa excedente. Nesse caso, utilize as aparas para fazer folhas decorativas de massa.

Aplique a decoração sobre as peras folhadas, umedecendo um dos lados das folhinhas de massa com água. Coloque as peras em uma assadeira forrada com papel-manteiga e deixe na geladeira por cerca de 30 minutos antes de assar.

Pincele toda a superfície das peras com um pouco de ovo batido e asse a 200°C por 20-25 minutos, até a massa inflar e dourar.

torta folhada de pera e frangipane

Adoro usar frangipane como recheio de torta, por causa da consistência cremosa e úmida. Além disso, o sabor da amêndoa combina muito bem com o da pera. Essa receita é inspirada na tradicional torta francesa de amêndoas, a *pithiviers*.

8 porções

para a massa

500 g de massa folhada pronta · 1 ovo batido, para pincelar · açúcar de confeiteiro, para polvilhar

para o recheio

8 peras pequenas maduras (de preferência, do tipo comice) descascadas e em 8 fatias longitudinais · raspas e suco de 1 limão-siciliano · 125 g de manteiga em temperatura ambiente · 1 ovo · 30 ml de rum escuro ou Cointreau · 75 g de açúcar · 200 g de farinha de amêndoa

Preaqueça o forno a 200°C.

Coloque as fatias de pera em uma tigela e acrescente o suco e as raspas de meio limão . Bata a manteiga em uma tigela até ficar cremosa e acrescente o ovo o rum, o açúcar, a farinha de amêndoa e o suco de limão restante.

Forre uma assadeira grande com papel-manteiga. Abra metade da massa em uma superfície ligeiramente enfarinhada até obter a espessura de 3 mm e corte um disco de 27 cm de diâmetro, utilizando um prato grande como modelo. Disponha essa base na assadeira. Espalhe o recheio, deixando uma borda de 2,5 cm sem creme. Cubra com as fatias de pera.

Abra a massa restante em um disco com diâmetro de 28 cm. Pincele a borda livre da base com um pouco de ovo batido e disponha a cobertura sobre o recheio. Aperte a beirada da torta, fechando bem, e faça cortes superficiais ao longo da beirada com o auxílio de uma faca pequena, imitando as bordas de uma concha de vieira.

Pincele a superfície da torta com um pouco de ovo batido e faça cortes desenhando um grande asterisco. Asse a 200°C por cerca de 30 minutos, até a massa dourar e inflar. Polvilhe generosamente com açúcar de confeiteiro e sirva morna, acompanhada de creme inglês ou do sorvete de sua preferência.

tortinha de maçã ao calvados

Perfeitas para a sobremesa, sirva essas tortinhas mornas, com uma porção generosa de mascarpone adocicado (basta acrescentar um pouco de açúcar de confeiteiro). Para uma versão mais incrementada, use também gotas de calvados.

12 unidades

para a massa
300 g de massa podre doce (p. 15)

para o recheio
25 g de manteiga · 8 maçãs verdes (granny smith) descascadas, sem miolo e cortadas em cubos de 1 cm · 75 g de açúcar de confeiteiro, mais um pouco para polvilhar · 1/4 de colher (chá) de canela em pó · raspas de 1/2 limão-siciliano · 3 colheres (sopa) de calvados ou brandy · 4 colheres (sopa) de creme de leite fresco

Em uma panela pequena, derreta a manteiga e acrescente os cubos de maçã, o açúcar, a canela, as raspas de limão e o calvados. Misture bem e cozinhe por 10 minutos, até as maçãs virarem purê. Deixe esfriar e adicione o creme de leite fresco.

Preaqueça o forno a 190°C.

Abra a massa em uma superfície ligeiramente enfarinhada até obter a espessura de 3mm. Com um cortador de biscoitos, faça doze discos de massa para forrar uma assadeira para doze muffins e doze discos com diâmetro um pouco menor para a cobertura. Forre as forminhas com os discos maiores de massa e recheie com o purê de maçã.

Pincele a borda de cada forminha com um pouco de água e insira a cobertura. Apare o excesso de massa com uma faca pequena afiada. Faça três orifícios pequenos no centro da cobertura de cada torta e polvilhe com o açúcar de confeiteiro.

Asse a 190°C por 25 minutos, até dourarem as extremidades. Deixe esfriar um pouco, desenforme-as e polvilhe com um pouco mais de açúcar de confeiteiro. Sirva mornas com mascarpone acrescido de açúcar.

torta de pecã e chocolate

Uma verdadeira tentação, principalmente se servida morna acompanhada de sorvete de creme. Como o recheio é muito doce, não recomendo fazer a cobertura total de massa doce. Decore com a treliça de massa, dando um acabamento leve e bonito.

6 porções

para a massa
300 g de massa podre doce (p. 15), substituindo 30 g de farinha de trigo por cacau em pó

para o recheio
100 g de açúcar mascavo · 175 ml de glicose de milho · 3 ovos ligeiramente batidos · 2 colheres (chá) de extrato de baunilha · 200 g de nozes-pecãs picadas grosseiramente · 75 g de chocolate amargo picado

Preaqueça o forno a 180°C.

Unte uma fôrma de torta redonda com 23 cm de diâmetro. Abra dois terços da massa em uma superfície enfarinhada até obter um disco de 26 cm de diâmetro com 3 mm de espessura. Forre a fôrma com essa base de massa, apertando-a contra as laterais. Apare o excesso na borda e deixe na geladeira enquanto prepara o recheio.

Bata o açúcar, a glicose de milho, os ovos e a baunilha em uma tigela. Distribua as pecãs na base da torta e cubra-as com o chocolate picado. Despeje os ovos batidos sobre as pecãs e o chocolate.

Abra a massa restante e faça tiras para compor a treliça. Entrelace-as sobre a torta e apare as extremidades com uma faca para fazer o acabamento.

Asse a 190°C por 35-40 minutos, até o recheio ficar caramelado e úmido. Ele parecerá ainda um pouco mole, mas firmará depois de frio. Deixe esfriar completamente antes de servir a torta cortada em pedaços.

pastelzinho de frutas vermelhas

Essa receita, de produção muito simples, fica perfeita quando acompanhada de compota de frutas vermelhas e de creme de leite batido ou chantili.

8 porções

para a massa

300 g de massa podre especial doce (p. 16)

para o recheio

500 g de frutas vermelhas variadas frescas ou descongeladas · 60 g de açúcar mascavo · leite, para pincelar · 100 g de açúcar baunilhado

Preaqueça o forno a 200°C.

Cozinhe as frutas com o açúcar mascavo em uma panela grande, em fogo baixo por 25 minutos, até reduzir e ficar com a consistência de compota. Tire do fogo, transfira para uma tigela e deixe esfriar.

Divida a massa ao meio e abra cada parte em um quadrado de 20 cm. Corte um dos quadrados ao meio na horizontal e depois na vertical e, com o auxílio de uma carretilha para massas, corte quatro discos de 10 cm. Repita a operação com o outro quadrado de massa.

Coloque 1 colher (sopa) de compota de frutas vermelhas no meio de cada quadrado. Pincele as beiradas da massa com um pouco de leite. Dobre os quadrados na diagonal, fazendo pasteizinhos triangulares. Aperte as beiradas de cada um deles. Pincele a superfície dos pasteizinhos com um pouco de leite e polvilhe com o açúcar baunilhado. Asse a 200°C por 15 minutos ou até dourar ligeiramente. Transfira para uma grade para esfriar um pouco. Sirva morno, acompanhado de compota de frutas vermelhas e chantili.

torta bakewell

Essa é uma receita antiga, originária de Derbyshire (região no Sudeste da Inglaterra), em uma versão com geleia de morango ou framboesa. Se quiser, acrescente pedaços de fruta fresca, deixando a torta ainda mais especial.

6 porções

para a massa
300 g de massa podre doce (p. 15)

para o recheio
5 colheres (sopa) de geleia de morango ou framboesa · 100 g de framboesa · 50 g de manteiga · 50 g de açúcar · 1 ovo batido · 25 g de farinha de trigo · 1/2 colher (chá) de fermento em pó · 50 g de farinha de amêndoa · 1 colher (sopa) de leite

Preaqueça o forno a 180°C.

Abra a massa em uma superfície ligeiramente enfarinhada até obter um disco de 23 cm de diâmetro com 3 mm de espessura. Forre uma fôrma canelada de 20 cm de diâmetro. Fure a base com um garfo, espalhe uma camada de geleia e distribua as framboesas frescas.

Bata a manteiga e o açúcar, na batedeira ou com uma colher de pau, até fomar um creme claro e fofo. Acrescente o ovo batido, um pouco de cada vez, batendo bem depois de cada adição, até uniformizar.

Peneire juntos a farinha e o fermento em pó. Em seguida, adicione a farinha de amêndoa. Despeje a mistura seca sobre o creme de manteiga e ovos e mexa delicadamente, até homogeneizar. Por último, acrescente o leite. Espalhe a massa de amêndoas sobre a camada de geleia e framboesa e decore a superfície com folhas feitas com as aparas de massa.

Asse a 180°C por 30-35 minutos, até a massa inflar e dourar. Sirva morna ou em temperatura ambiente.

bolinho eccles

Esses quitutes são chamados de bolinhos, mas na verdade trata-se de tortinhas feitas com massa crocante e aerada. Há centenas de receitas diferentes dessa iguaria: algumas utilizam massa feita com banha de porco, outras, massa folhada; algumas incluem noz-moscada no recheio, mas excluem pimenta-da-jamaica. Todas as versões pedem cobertura açucarada e recheio de frutas secas e especiarias aromáticas. O que caracteriza o eccles é a cobertura crocante, que contrasta com o recheio denso e úmido. Eles são uma escolha perfeita para os dias de inverno.

9 unidades

para a massa

500 g de massa folhada pronta · 1 clara de ovo, ligeiramente batida, para pincelar · 50 g de açúcar demerara

para o recheio

35 g de manteiga · 40 g de açúcar mascavo · 70 g de uva-passa escura · 20 g de casca de laranja e limão cristalizada picada · 1/2 colher (chá) de pimenta-da-jamaica em pó · 1/2 colher (chá) de noz-moscada ralada na hora

Preaqueça o forno a 180°C.

Abra a massa em uma superfície ligeiramente enfarinhada até obter a espessura de 3 mm. Corte nove discos com 12 cm de diâmetro. Deixe descansar enquanto prepara o recheio.

Derreta a manteiga e o açúcar juntos em uma panela pequena e acrescente os demais ingredientes do recheio. Coloque 1 colher (sopa) de recheio sobre cada um dos discos de massa. Pincele as beiradas dos discos com um pouco de clara batida. Belisque a massa com o polegar e o indicador, fazendo uma prega e empurre-a para dentro *(veja as fotos acima)*. Continue fazendo pregas ao longo da beirada da massa, até cobrir completamente o recheio. Aperte o centro para grudar as pregas, que ficarão ligeiramente sobrepostas. Vire o folhado com as pregas para baixo e empurre ligeiramente as laterais da massa para dentro, dando uma forma ovalada ao bolinho. Faça dois cortes sobre a superfície da massa, pincele com um pouco de clara e polvilhe com o açúcar demerara.

Coloque os folhados em uma assadeira e asse a 180°C por 15-20 minutos. O recheio é muito açucarado, por isso tome cuidado para que não vaze durante o cozimento.

torta de melado da sra. White

Quem me deu essa receita foi a mãe da minha amiga Jenny, a sra. White, que prepara essa torta há décadas e ficou contente em dividi-la com os leitores. Tradicional e fácil de fazer, trata-se de um clássico delicioso, que sempre deve figurar no repertório de sobremesas.

4 porções

para a massa
200 g de massa podre doce (p. 15)

para o recheio
250 g de melado de cana · 75 g de miolo de pão branco · raspas e suco de 1 limão-siciliano

Abra a massa em uma superfície ligeiramente enfarinhada até obter um disco de 23 cm de diâmetro com 3 mm de espessura. Forre uma fôrma de 20 cm de diâmetro. Apare o excedente da borda e deixe na geladeira por 20 minutos. Reserve as aparas de massa para a decoração.

Preaqueça o forno a 200°C. Coloque uma assadeira no forno para aquecê-la.

Aqueça o melado em uma panela. Tire do fogo e junte o miolo de pão picado, as raspas e o suco de limão. Espalhe o recheio uniformemente sobre a base de massa.

Abra as aparas de massa e corte dez ou doze tiras. Torça-as em espirais e faça uma treliça, dispondo as tiras cruzadas entre si. Aperte as pontas das tiras contra as bordas da fôrma.

Disponha a torta sobre a assadeira preaquecida e asse a 200°C por 10 minutos. Baixe a temperatura do forno para 190°C e deixe por mais 15 minutos. Sirva quente acompanhada de chantili ou creme inglês.

torta de maçã e amora

Tortas são uma maneira excelente de utilizar frutas da estação. Distribua generosamente as maçãs e as amoras na fôrma e acrescente pouco líquido, para não cozinhá-las demais nem umedecer a cobertura, fazendo-a desmoronar. Essa combinação é deliciosa, mas você pode criar seus próprios sabores, de acordo com a sazonalidade das frutas *(fotos pp. 150-1)*.

6 porções

para a massa

300 g de massa podre doce (p. 15) · 2 colheres (sopa) de leite, para pincelar

para o recheio

25 g de manteiga · 1/2 colher de (chá) de canela em pó · 325 g de açúcar · 700 g de amora fresca · 700 g de maçã descascada, sem miolo e cortada em fatias

Preaqueça o forno a 200°C.

Aqueça a manteiga em uma frigideira, acrescente a canela, 300 g de açúcar e metade das amoras. Deixe cozinhar por 10 minutos, até as frutas amolecerem. Passe-as por um espremedor de batatas para obter um purê espesso.

Misture as maçãs e as amoras restantes, coloque-as em uma fôrma refratária funda e espalhe o purê de amoras. Posicione uma chaminé para tortas no centro do recheio.

Abra a massa em uma superfície enfarinhada até obter a espessura de 3 mm em um disco com diâmetro 3 cm maior que o do refratário. Corte uma tira de massa e disponha sobre a borda da fôrma, apertando bem. Coloque a cobertura sobre o recheio e aperte-a nas bordas da fôrma, fechando cuidadosamente. Apare o excesso de massa, pincele a superfície com um pouco de leite e polvilhe com o açúcar restante.

Asse a 200°C por 30 minutos, até a massa dourar e o recheio começar a borbulhar. Deixe esfriar por 10-15 minutos antes de servir, acompanhada de creme inglês.

torta de maçã com massa de queijo

Essa clássica receita de torta de maçã é aqui incrementada com uma massa de queijo deliciosa. A combinação de queijo e maçã pode parecer estranha, mas, acredite, é maravilhosa. Utilize maçãs fuji, pois resistem melhor ao cozimento, e maçãs verdes, que deixam o recheio ainda mais gostoso.

6 porções

para a massa

350 g de farinha de trigo · 150 g de açúcar · 150 g de manteiga cortada em cubos · 2 gemas · 50 g de cheddar inglês ralado grosseiramente

para o recheio

4 maçãs verdes descascadas, sem miolo e cortadas em cubos · 225 g de maçãs fuji descascadas, sem miolo e cortadas em cubos · 150 g de açúcar de confeiteiro, mais um pouco para polvilhar · suco de ½ limão-siciliano

Coloque a farinha em uma tigela grande, faça uma cova no centro e acrescente o açúcar. Junte a manteiga e misture com a farinha com a ponta dos dedos, até obter uma farofa. Acrescente as gemas e o queijo, adicionando um pouco de água se a massa estiver seca. Trabalhe até a massa ficar lisa. Embale em filme de PVC e refrigere por 20 minutos.

Cozinhe as maçãs em uma panela com o açúcar, o suco de limão e 2 colheres (sopa) de água por 15 minutos, até amolecer. Deixe esfriar.

Preaqueça o forno a 190°C. Coloque uma assadeira de fundo grosso no forno para aquecê-la.

Abra dois terços da massa até obter a espessura de 5 mm em um disco suficientemente grande para forrar uma fôrma ou um refratário de 23 cm de diâmetro. Espalhe o recheio na base de massa. Abra a massa restante em um disco grande o bastante para a cobertura. Pincele a beirada da torta com um pouco de água e insira a cobertura, apertando bem contra a borda da fôrma. Apare o excesso de massa para dar acabamento à beirada e aperte-a com a ponta dos dedos, se quiser uma borda decorada. Faça um orifício na superfície da torta e polvilhe com açúcar. Coloque a fôrma sobre a assadeira e asse a 190°C por 25-30 minutos, até dourar. Deixe esfriar por cerca de 15 minutos antes de servi-la cortada em pedaços, acompanhada de chantili.

torta de frutas vermelhas com massa de limão

Essa torta é ideal para o verão. De preparo rápido, pode ser acompanhada de sorvete de creme, o que lhe confere ainda mais frescor. O licor de cassis realça o sabor das frutas vermelhas e deixa o recheio mais encorpado, mas é opcional. Outra alternativa é regar as frutas vermelhas com suco de laranja.

4 porções

para a massa
300 g de massa podre especial doce (p. 16) acrescida de raspas de 1 limão-siciliano

para o recheio
25 g de manteiga em temperatura ambiente · 50 g de açúcar mascavo, mais um pouco para polvilhar · 600 g de frutas vermelhas variadas, como framboesa, mirtilo e morango · 1 colher (sopa) de maisena · uma pitada de canela em pó · 3 colheres (sopa) de licor de cassis (ou de outra fruta)

Preaqueça o forno a 200°C.

Em uma tigela grande, misture a manteiga, o açúcar mascavo, as frutas vermelhas, a maisena, a canela e o licor de cassis.

Abra a massa em uma superfície ligeiramente enfarinhada, formando um disco suficientemente grande para forrar uma fôrma refratária de 26 cm de diâmetro, com um excesso de 4 cm que ultrapasse a fôrma.

Transfira o recheio de frutas vermelhas para a base de massa e dobre o excedente sobre o recheio. O centro do recheio ficará exposto. Pincele com um pouco de leite e polvilhe com açúcar.

Asse a 200°C por 30 minutos, até a massa dourar e o recheio começar a borbulhar. Sirva a torta quente, acompanhada de sorvete de creme.

cobbler de morango e ruibarbo

O cobbler* é a cobertura perfeita para absorver os sucos do cozimento das frutas. A acidez e a crocância do ruibarbo** combinam muito bem com a suavidade e o sabor adocicado do morango.

6 porções

para a cobertura

225 g de farinha de trigo · uma pitada de sal · 3 colheres (chá) de fermento em pó · 1 colher (chá) de canela em pó · 100 g de manteiga gelada cortada em pedaços · 175 ml de leitelho [feito com 250 ml de iogurte natural desnatado e 1 colher (sopa) de suco de limão – prepare 10 minutos antes do início da receita] · 3 colheres (sopa) de leite

para o recheio

900 g de ruibarbo fresco com as folhas aparadas e cortado em bastões de 2 cm · 500 g de morango sem o cabinho e cortado em fatias · 150 g de açúcar · 1 colher (sopa) de maisena · raspas e suco de 1 laranja grande · ½ colher (chá) de gengibre em pó

Preaqueça o forno a 200°C.

Coloque o ruibarbo, o morango, o açúcar, a maisena as raspas e o suco de laranja e o gengibre em uma fôrma refratária funda com capacidade para 2 litros.

Para a cobertura, misture em uma tigela grande a farinha, o sal, o fermento em pó e a canela. Junte a manteiga e, com a ponta dos dedos, incorpore aos ingredientes secos, até obter uma farofa. Acrescente o leitelho e o leite e mexa até obter uma massa espessa.

Pingue algumas colheradas de massa sobre o recheio, até cobrir as frutas completamente, como se fossem vários pãezinhos, com espaços entre eles. Asse por 35-40 minutos, até a cobertura dourar e o recheio borbulhar.

* O cobbler é um tipo de torta coberta por pães de minuto, é prático e pode levar recheios doces ou salgados.
* O ruibarbo é uma planta comestível, muito usada em fitoterápicos, mas também frequente na culinária inglesa. Ainda pouco encontrado no Brasil, pode ser substituído por maçã verde.

torta de chocolate e pistache

Essa torta é recheada com um delicioso creme de chocolate, fácil de fazer. Sirva-a morna acompanhada de sorvete de creme. Use uma assadeira retangular para que ela possa ser cortada em fatias *(foto ao lado)*.

6 porções

para a massa
300 g de massa podre doce (p. 15) acrescida de raspas de 1 laranja · 2 colheres (sopa) de leite, para pincelar

para o recheio
2 ovos · 150 g de açúcar de confeiteiro, mais um pouco para polvilhar · 150 ml de creme de leite fresco · 150 g de chocolate amargo picado finamente · 25 g de pistache descascado, torrado e picado grosseiramente

Preaqueça o forno a 180°C.

Unte com manteiga uma assadeira retangular de 36 cm x 11 cm. Divida a massa em duas porções (uma delas ligeiramente maior do que a outra). Abra a porção maior em um retângulo para forrar a base e as laterais da assadeira. Cubra com filme de PVC e deixe na geladeira enquanto prepara o recheio. Abra a massa restante em um retângulo que sirva de cobertura. Acomode essa massa em outra assadeira, cubra com filme de PVC e reserve-a também na geladeira.

Bata os ovos e o açúcar em uma tigela. Junte o creme de leite, o chocolate e o pistache e transfira o recheio para a assadeira com a base de torta. Pincele as beiradas da massa com um pouco de leite e disponha a cobertura de massa, apertando as beiradas para fechar a torta. Apare o excesso e faça um orifício no meio da cobertura para liberar o vapor. Pincele com um pouco de leite e polvilhe com açúcar.

Asse por 30-35 minutos e deixe esfriar por, no mínimo, 15 minutos antes de desenformar. Coloque a torta sobre uma grade e deixe esfriar por mais 10 minutos antes de cortá-la em fatias. (Esperar alguns minutos facilita cortar. Não se preocupe: o recheio estará morninho e úmido.)

torta de creme de baunilha

O recheio rico e delicioso se assenta perfeitamente nessa torta, permitindo cortá-la em pedaços perfeitos.

6 tortas

para a massa

300 g de massa podre especial doce (p. 16)

para o recheio

3 ovos grandes · 125 g de açúcar · 300 ml de leite integral · 300 ml de creme de leite fresco · sementes de 1 fava de baunilha · 1 colher (sopa) de açúcar cristal

Preaqueça o forno a 200°C.

Abra a massa para forrar uma fôrma de 20 cm de diâmetro. Acomode-a na fôrma, apertando ligeiramente o fundo e as laterais. Apare o excesso e leve à geladeira para esfriar por 15 minutos.

Forre a base de massa com papel-manteiga e espalhe feijões para fazer peso. Asse a 200°C por 10 minutos, retire os feijões e o papel-manteiga e asse por mais 10 minutos, até a massa dourar.

Reduza a temperatura do forno para 150°C. Bata os ovos e o açúcar em uma tigela grande. Em uma panela, coloque o creme de leite e o leite e junte as sementes e a fava de baunilha à panela. Deixe levantar uma fervura leve. Despeje aos poucos esse creme quente sobre os ovos batidos, mexendo sem parar com um batedor manual.

Transfira o recheio para a base de massa até o limite da borda e polvilhe com açúcar cristal. Com cuidado, leve a fôrma ao forno e asse a 150°C por 50 minutos. A torta estará pronta quando a superfície dourar e firmar, mas o recheio precisa ficar ligeiramente mole, balançando um pouco quando se agita delicadamente a fôrma. Deixe esfriar por completo antes de servi-la em fatias.

torta de creme de coco e framboesa

Esse recheio cremoso é uma versão fantástica do recheio simples de creme de baunilha. Você pode usar framboesas frescas não somente no recheio, mas também para acompanhar a torta, servida morna ou fria.

6 tortas

para a massa
300 g de massa podre doce (p. 15)

para o recheio
150 ml de creme de leite fresco · 250 ml de leite de coco · 150 g de açúcar · 1 ovo · raspas de 1 limão · 200 g de framboesa fresca

Abra a massa em uma superfície ligeiramente enfarinhada até obter a espessura de 3 mm. Corte quatro discos para forrar quatro forminhas de torta com 10 cm de diâmetro. Com a massa restante, corte tiras largas para a treliça da cobertura.

Forre a base e as laterais das forminhas com a massa e fure o fundo com um garfo. Acomode uma bolinha de papel-alumínio amassado dentro de cada tortinha (para dar peso enquanto assam). Leve-as à geladeira por, no mínimo, 20 minutos antes de assar, para impedir que a massa encolha.

Preaqueça o forno a 160°C. Coloque uma assadeira no forno para aquecê-la.

Disponha as tortinhas sobre a assadeira preaquecida e asse a 160°C por 7 minutos. Misture o creme de leite, o leite de coco, o açúcar, o ovo e as raspas de limão em uma jarra.

Retire as bolinhas de papel-alumínio das tortas e distribua as framboesas entre elas. Então, despeje o creme de coco e cubra com as tiras de massa. Aperte as tiras sobre as bordas das tortinhas para fechar e dar acabamento, aparando o excedente.

Asse a 160°C por 20-25 minutos, até a massa dourar e o recheio firmar, mas ficar ainda um pouco mole e cremoso. Deixe esfriar nas forminhas por 15 minutos antes de desenformá-las e servi-las mornas ou frias, acompanhadas de framboesas frescas.

torta de damasco, pêssego e amaretto

Faça essa torta quando encontrar pêssegos e damascos maduros. Os biscoitos amaretto combinam muito com essas frutas. Nessa receita, utilizei biscoitos triturados para acrescentar crocância ao recheio da torta, além de salpicá-la com eles.

6 porções

para a massa

300 g de massa podre doce (p. 15) · 2 colheres (sopa) de leite, para pincelar

para o recheio

400 g de damasco fresco descaroçado e cortado em gomos · 500 g de pêssego fresco descaroçado e cortado em gomos · 150 g de açúcar, mais um pouco para polvilhar · 3 colheres (sopa) de licor de amaretto · 3 colheres (sopa) de maisena · 2 colheres (chá) de suco de limão-siciliano · 4 biscoitos amaretto triturados finamente · 150 g de manteiga gelada cortada em cubos

Preaqueça o forno a 200°C.

Numa tigela, misture o damasco, o pêssego, o açúcar, o licor amaretto, a maisena, o suco de limão e metade dos biscoitos. Misture bem e reserve enquanto prepara a massa.

Quando a massa estiver pronta, transfira o recheio para uma fôrma refratária de 1,5 litro e espalhe pedacinhos de manteiga.

Abra a massa em uma superfície ligeiramente enfarinhada com um diâmetro um pouco maior que o do refratário. Corte uma tira de massa e disponha-a sobre a borda do recipiente. Coloque o disco de massa sobre o recheio e aperte-o nas bordas, fechando bem. Apare o excesso e pincele a superfície com um pouco de leite. Asse a 200°C por 30 minutos, até a massa dourar e o recheio começar a borbulhar. Enquanto a torta estiver quente, salpique com os biscoitos restantes e polvilhe com o açúcar. Deixe esfriar por 10-15 minutos antes de servir, acompanhada de creme de leite fresco.

tortinha de creme de limão e geleia

Essas delícias me lembram a infância: tortinhas recheadas com minha geleia favorita ou creme de limão *(foto na página seguinte)*.

12 unidades

para a massa
300 g de massa podre doce (p. 15)

para o recheio
2 ovos batidos · 200 g de açúcar · 150 g de manteiga sem sal · raspas e suco de 2 limões-sicilianos · geleia de frutas vermelhas (morango, framboesa ou outra de sua preferência)

Para preparar o creme de limão, coloque os ovos batidos em uma panela, adicione o açúcar, a manteiga, as raspas e o suco de limão e mexa em fogo baixo até o açúcar derreter. Mantenha por cerca de 20 minutos, mexendo de vez em quando, até engrossar. O creme não deve ferver, do contrário os ovos podem talhar. Reserve e deixe esfriar.

Transfira o creme frio para vidros com tampa esterilizados e reserve na geladeira até o momento de usar. O creme de limão se conserva na geladeira por até 3 semanas.

Preaqueça o forno a 200°C.

Abra a massa em uma superfície ligeiramente enfarinhada até obter a espessura de 3 mm. Corte doze discos de 8 cm de diâmetro e distribua-os sobre uma assadeira, para base das tortinhas. Junte a massa restante, amasse-a com as mãos e abra novamente para cortar mais doze discos de mesmo diâmetro. Em seguida, utilize cortadores de biscoito em forma de coração ou estrela e molde a decoração. Coloque-os em outra assadeira.

Leve as duas assadeiras ao forno a 200°C por 8-12 minutos, até a massa dourar um pouco. Deixe esfriar por alguns minutos antes de retirá-los com uma espátula e colocá-los sobre uma grade para esfriar completamente.

Recheie com creme de limão metade das bases e feche com a cobertura de estrela, por exemplo. Recheie com geleia as outras tortinhas e feche com os discos com corte de coração. Sirva os biscoitos polvilhados com açúcar de confeiteiro.

tortinha Yorkshire

Parecidas com pequenos cheesecakes, o grande diferencial dessas tortinhas é a pimenta-da--jamaica, que evita que o recheio fique muito doce.

24 unidades

para a massa
300 g de massa podre especial doce (p. 16)

para o recheio
200 g de ricota amassada · 2 ovos (clara e gema separadas) · 75 g de açúcar · 2 colheres (sopa) de creme de leite fresco · raspas e suco de 1 limão-siciliano · uma pitada generosa de pimenta-da-jamaica em pó · 50 g de uva-passa escura

Preaqueça o forno a 180°C.

Abra a massa em uma superfície ligeiramente enfarinhada até obter a espessura de 3 mm. Corte 24 discos de massa com o auxílio de um cortador de biscoitos de 7,5 cm para forrar duas assadeiras para doze cupcakes. Reserve as assadeiras forradas na geladeira enquanto prepara o recheio.

Em uma tigela, misture a ricota, as gemas, o açúcar, o creme de leite, as raspas e o suco de limão e a pimenta-da-jamaica. Bata bem, até ficar homogêneo, e adicione a uva-passa.

Bata as claras em neve até obter picos firmes e incorpore à mistura de ricota. Distribua o recheio entre as assadeiras forradas e asse a 180°C por 30-35 minutos, até dourarem.

Sirva as tortinhas mornas ou frias.

baklava de maçã

Essa receita é inspirada no famoso quitute do Oriente Médio, mas leva maçãs raladas. Regue com um pouco de mel antes de servir.

9 porções

para o recheio
125 g de manteiga em temperatura ambiente · 200 g de pistache descascado · 170 g de cranberry seco · ½ colher (chá) de canela em pó · ½ colher (chá) de gengibre em pó · 3 maçãs descascadas, sem miolo e raladas · 45 g de açúcar mascavo · 8 folhas de massa filo

para acompanhar
figos frescos · iogurte grego · mel espesso

Preaqueça o forno a 180°C.

Pincele uma fôrma quadrada de 25 cm com um pouco de manteiga. Triture no processador o pistache, o cranberry, a canela e o gengibre. Transfira para uma tigela e acrescente a maçã ralada e o açúcar mascavo.

Coloque as folhas de massa filo em uma superfície de trabalho. Cubra-as com um pano de prato limpo úmido (para não ressecar). Pincele uma folha com um pouco de manteiga em temperatura ambiente e acomode-a na fôrma. Repita a operação com mais três folhas de massa filo, pincelando cada uma delas com um pouco de manteiga antes de sobrepor outra folha de massa.

Espalhe o recheio na fôrma forrada e cubra com as folhas restantes de massa filo, untando-as sempre com um pouco de manteiga. Dobre as beiradas da massa para dentro da fôrma. Faça cortes superficiais sobre a massa, desenhando nove quadrados. Asse a 180°C por 55 minutos, até ficar crocante. Sirva com figos frescos, uma colherada de iogurte grego e um fio de mel.

torta de abóbora

Um livro de tortas não estaria completo sem uma receita doce com abóbora. Há várias versões para esse clássico, mas os ingredientes principais são sempre os mesmos: abóbora de polpa firme, ovos, creme de leite fresco, açúcar e especiarias.

6 porções

para a massa
300 g de massa podre doce (p. 15)

para o recheio
750 g de abóbora (a "de pescoço" é ideal para doces) descascada e cortada em cubos · 2 ovos ligeiramente batidos · 185 g de açúcar mascavo · 100 ml de creme de leite fresco · 1 colher (sopa) de brandy · ½ colher (chá) de gengibre em pó · ½ colher (chá) de noz-moscada ralada na hora · 1 colher (chá) de canela em pó

Preaqueça o forno a 180°C. Coloque uma assadeira de fundo grosso no forno para aquecê-la.

Cozinhe os cubos de abóbora em uma panela grande com água fria por 10-15 minutos, até ficarem macios.

Escorra a abóbora e coloque-a em uma tigela. Passe-a pelo espremedor de batatas, até obter um purê liso, ou por uma peneira grande, para obter uma consistência ainda mais fina. Deixe esfriar.

Abra a massa em uma superfície ligeiramente enfarinhada até obter a espessura de 3 mm. Forre uma fôrma de torta de 23 cm de diâmetro. Apare o excesso e fure essa base com um garfo. Cubra a massa com uma folha de papel-alumínio e leve ao forno a 180°C sobre a assadeira preaquecida. Asse somente por 10 minutos, para firmar a massa.

Bata os ovos e o açúcar em uma tigela grande. Junte o purê de abóbora frio, o creme de leite, o brandy e as especiarias e misture bem. Transfira esse recheio para a base de massa e asse por mais 40 minutos. Decore a torta com folhas ou tirinhas de massa e asse por mais 20 minutos ou até firmar completamente e dourar.

Essas tortinhas eram tradicionalmente feitas com carne moída ou desfiada. Somente no século XVIII começaram a ser preparadas com frutas cristalizadas picadas e banha.

18 unidades

para a massa
200 g de farinha de trigo · 1 colher (chá) de canela em pó · 100 g de açúcar · 50 g de farinha de amêndoa · 125 g de manteiga cortada em cubos · 1 gema batida, mais uma para pincelar

para o recheio (rende 450 g)
100 g de uva-passa escura · 100 g de uva-passa branca · 50 g de casca de laranja e limão cristalizada picada · 100 ml de uísque · 50 g de nozes picadas · 1 colher (chá) de canela em pó · 1 colher (chá) de noz-moscada ralada na hora · 200 g de açúcar demerara · 2 maçãs descascadas, sem miolo e raladas · 100 g de banha vegetal ralada

Para o recheio, pique grosseiramente os dois tipos de uva-passa e misture com a casca de limão e laranja, o uísque, as nozes, a canela, a noz-moscada, o açúcar e as maçãs. Deixe marinar em local fresco por 48 horas, em uma tigela coberta com filme de PVC. Junte a gordura vegetal ralada e distribua o recheio entre vidros com tampa esterilizados. Reserve até o momento de usar.

Para a massa, misture a farinha, a canela, o açúcar e a farinha de amêndoa em uma tigela. Junte os cubos de manteiga aos ingredientes secos e misture com a ponta dos dedos, até obter uma farofa. Faça uma cova no meio da farofa e despeje a gema e 4 colheres (sopa) de água gelada. Misture com a ponta dos dedos (ou com uma faca de ponta redonda) até formar uma bola. Trabalhe um pouco até obter uma massa lisa. Embale em filme de PVC e deixe na geladeira por, no mínimo, 1 hora.

Preaqueça o forno a 200°C.

Abra a massa em uma superfície ligeiramente enfarinhada até obter a espessura de 3 mm (se começar a grudar, abra entre duas folhas de papel-manteiga). Corte dezoito discos de massa de 8 cm de diâmetro (para forrar as forminhas) e dezoito de 7 cm (para a cobertura). Forre uma assadeira para dezoito muffins com os discos maiores. Coloque 1 colher (sopa) generosa de recheio em cada tortinha. Adicione um pouco mais de uísque, se quiser. Não encha demais as tortinhas, senão o recheio pode derramar e queimar. Pincele as beiradas com um pouco de água e cubra com os discos de massa reservados. Aperte a beirada das tortinhas, fechando bem, e pincele a superfície com um pouco de ovo batido. Faça dois cortes na superfície para liberar o vapor. Asse a 200°C no meio do forno por 15-20 minutos, até dourar. Deixe esfriar por 10 minutos dentro da assadeira antes de desenformá-las e transferi-las para uma grade. Polvilhe com açúcar de confeiteiro antes de servir.

mincepie de frutas secas e uísque

torta de banana, chocolate e caramelo

Essa é a minha versão para a maravilhosa banoffee. O toque especial que dei à receita tradicional foi uma cobertura de caramelo com sal marinho.

8-12 porções

para a massa

300 g de massa podre (p. 15), substituindo 25 g da farinha por cacau em pó e acrescentando 50 g de açúcar de confeiteiro

para o recheio

225 g de açúcar cristal · 150 g de manteiga com sal em cubos · uma pitada de sal marinho · 7 colheres (sopa) de coalhada ou sour cream · 200 g de chocolate meio amargo · 2 bananas maduras grandes ou médias · 150 ml de creme de leite fresco · 25 g de pistache salgado descascado e picado finamente

Preaqueça o forno a 200°C. Coloque uma assadeira no forno para aquecê-la.

Para fazer o recheio, dissolva o açúcar com 60 ml de água em uma frigideira ou panela de fundo grosso em fogo baixo. Aumente a temperatura até a calda ficar dourado-escura. Você pode girar a panela enquanto derrete o açúcar, mas não use colher, senão o açúcar vai grudar nela e cristalizar. Tire do fogo, deixe esfriar por 1-2 minutos e então adicione 120 g da manteiga com uma pitada de sal marinho. Junte 4 colheres (sopa) de coalhada e misture até ficar liso e brilhante. Transfira o caramelo para uma tigela e deixe esfriar por, no mínimo, 15 minutos – assim, ele ficará mais espesso.

Aqueça o chocolate e o creme de leite (reserve um pouco para finalizar) em banho-maria, até derreter e ficar liso. Reserve e deixe esfriar.

Abra a massa em uma superfície ligeiramente enfarinhada, formando um disco de 32 cm de diâmetro com 5 mm de espessura. Forre uma fôrma canelada com 23 cm de diâmetro, deixando um excesso de massa que ultrapasse a borda. Fure a base da torta com um garfo, cubra-a com papel-manteiga e espalhe feijões crus para dar peso. Deixe na geladeira por, no mínimo, 15 minutos.

Coloque a fôrma sobre a assadeira preaquecida e asse a 200°C por 10 minutos. Remova os feijões e o papel e leve ao forno por mais 10-15 minutos. Assim que tirar do forno, apare o excesso de massa na borda e deixe esfriar. Desenforme, transfira para uma grade e deixe esfriar completamente. Fatie a banana e disponha-a na base da torta. Espalhe o caramelo e o creme de chocolate em colheradas sobre a banana, distribuindo-os de forma aleatória, mas caprichada. Bata o creme de leite até formar picos moles. Coloque o chantili dentro de uma manga de confeitar com bico estrela grande. Faça bolas de chantili ao longo da beirada da torta e salpique com o pistache.

jalousie com creme de cereja

A cobertura de massa folhada, toda cortada em fendas, revela o creme borbulhante. A combinação entre cerejas e creme é maravilhosa, mas podem ser substituídas por outra fruta da estação.

6-8 porções

para a massa
500 g de massa folhada pronta (ou massa folhada rústica, p. 20)

para o recheio
200 ml de creme de leite fresco · 300 ml de leite integral · 4 gemas · 125 g de açúcar · ½ colher (chá) de extrato de baunilha · 2 colheres (sopa) de maisena aromatizada com baunilha · farinha de trigo, para polvilhar · 400 g de cereja fresca ou congelada descaroçada (se estiver usando frutas congeladas, deixe-as descongelar) · leite, para pincelar · 1 colher (sopa) de açúcar cristal

Para preparar o creme de baunilha, leve ao fogo médio o creme de leite e o leite em uma panela até obter uma fervura leve. Em uma tigela, bata as gemas, o açúcar, a baunilha e a maisena, até obter um creme homogêneo. Acrescente o conteúdo quente ao creme de gemas, mexendo sem parar. Deixe esfriar.

Preaqueça o forno a 200°C. Coloque uma assadeira no forno para aquecê-la. Corte a massa folhada na metade e abra uma das porções em uma superfície ligeiramente enfarinhada até obter um retângulo de 33 cm x 18 cm. Forre uma fôrma retangular de 30 cm x 15 cm e 3 cm de profundidade. Fure toda a base da torta com um garfo. Espalhe o creme de baunilha frio sobre a massa e distribua as cerejas.

Abra a porção de massa restante em um retângulo de 33 cm x 15 cm. Pincele a borda da massa com um pouco de leite e disponha-a sobre o recheio, apertando as beiradas da fôrma para fechar a torta.

Pincele a superfície com um pouco mais de leite e polvilhe com açúcar cristal. Reserve a fôrma na geladeira por 15 minutos.

Antes de levar ao forno, faça cortes profundos sobre a cobertura com uma faca afiada, expondo o recheio. Coloque a torta sobre a assadeira preaquecida e leve ao forno a 200°C por 10 minutos. Então, reduza a temperatura para 160°C e deixe por mais 45 minutos, até a massa dourar e assar uniformemente.

Deixe esfriar por 10 minutos antes de desenformá-la e sirva morna ou fria, cortada em quadrados.

torta de ricota e frutas cristalizadas

O recheio dessa torta é inspirado no dos cannoli sicilianos. O ideal é procurar frutas cristalizadas de boa qualidade para preparar essa iguaria.

8-12 porções

para a massa

400 g de massa podre (p. 15) acrescida de 2 colheres (sopa) de açúcar · farinha de trigo, para polvilhar

para o recheio

500 g de ricota fresca · 80 g de açúcar · 1 colher (chá) de extrato de baunilha · 3 ovos grandes · 100 g de frutas cristalizadas · 50 g de gotas de chocolate amargo · 50 g de uva-passa escura · raspas de 1 limão-siciliano · 1 colher (sopa) de açúcar de confeiteiro, para polvilhar

Preaqueça o forno a 180°C.

Coloque a assadeira no forno para aquecê-la. Abra dois terços da massa em uma superfície ligeiramente enfarinhada até obter a espessura de 5 mm. Forre uma fôrma canelada com 23 cm de diâmetro, deixando um excesso que ultrapasse a borda.

Abra o restante da massa em uma superfície ligeiramente enfarinhada até obter a espessura de 5 mm. Com uma carretilha, faça dez tiras de 5 cm.

Bata a ricota no processador até obter um creme liso. Transfira para uma tigela grande e, com o auxílio de uma colher de pau, acrescente o açúcar, o extrato de baunilha e os ovos, um a um, uniformizando a massa.

Junte as frutas cristalizadas, as gotas de chocolate, as passas e as raspas de limão. Transfira o recheio para a fôrma forrada e disponha metade das tiras de massa sobre ele, deixando um intervalo de 2 cm entre elas. Disponha as tiras restantes no sentido contrário ao das primeiras, compondo uma treliça. Aperte as pontas das tiras contra a borda da fôrma e apare o excesso.

Coloque a fôrma sobre a assadeira preaquecida e asse a 180°C por 55 minutos, até dourar. Deixe a torta esfriar na fôrma por 15 minutos antes de desenformar e transferir para uma grade para esfriar completamente. Polvilhe com o açúcar de confeiteiro antes de servir.

torta de limão com cobertura de merengue

Há muitas variações dessa clássica receita das ilhas Keys, na Flórida, mas os ingredientes essenciais são sempre o leite condensado e grande quantidade de raspas e suco de limão.

6 porções

para a massa

300 g de massa podre (p. 15) acrescida de 2 colheres (sopa) de açúcar

para o recheio

400 g de leite condensado · 4 ovos (clara e gema separadas) · raspas e suco de 4 limões · 100 g de açúcar · ½ colher (chá) de cremor de tártaro

Preaqueça o forno a 180°C.

Coloque a assadeira no forno para aquecê-la. Abra a massa para forrar uma fôrma com 23 cm de diâmetro e reserve na geladeira por 15 minutos. Cubra a massa com uma folha de papel-manteiga e espalhe feijões crus para dar peso. Asse a 180°C por 10 minutos, retire os feijões e asse por mais 5 minutos.

Enquanto isso, bata o leite condensado e as gemas em uma tigela e acrescente o suco de limão aos poucos. Transfira o recheio para a fôrma forrada e asse por 15-20 minutos, até o recheio firmar. Bata as claras em neve até obter picos firmes e acrescente o açúcar aos poucos, 1 colher (sopa) por vez. Por último, adicione o cremor de tártaro e misture até obter um merengue firme e brilhante.

Espalhe o merengue sobre o recheio, formando picos com o auxílio das costas de uma colher. Asse a 180°C por 7-10 minutos, até dourar ligeiramente e o merengue endurecer. Deixe esfriar um pouco antes de cortar a torta em fatias.

tortinha de mirtilo com cobertura streusel

Streusel é um termo alemão que significa "espalhado" ou "polvilhado" – como uma cobertura de crumble. Trata-se de uma excelente opção para essas tortinhas, especialmente quando se usa biscoito amaretto triturado, que confere mais crocância e sabor à cobertura.

4 unidades

para a massa

300 g de massa podre (p. 15) acrescida de 2 colheres (sopa) de açúcar

para o recheio

50 g de açúcar mascavo · 400 g de mirtilo fresco · raspas e suco de ½ laranja

para a cobertura streusel

125 g de farinha de trigo · 50 g de açúcar · 75 g de manteiga sem sal cortada em cubos · 2 biscoitos amaretti triturados

Preaqueça o forno a 180°C. Abra a massa até obter a espessura de 5 mm e forre quatro forminhas com 14 cm de diâmetro.

Em uma tigela, misture o açúcar, o mirtilo, as raspas de laranja e 1 colher (sopa) de suco de laranja. Distribua esse recheio entre as forminhas, cobrindo-as até topo.

Para o preparo da cobertura streusel, misture a farinha e o açúcar. Adicione a manteiga e incorpore com a ponta dos dedos até obter uma farofa grossa. Acrescente os biscoitos triturados. Espalhe a cobertura sobre as tortinhas, cobrindo-as completamente.

Disponha as fôrmas sobre a assadeira preaquecida e asse a 180°C por 20 minutos, até a superfície começar a dourar. Diminua a temperatura do forno para 160°C e asse por mais 35 minutos, até a superfície dourar e o recheio borbulhar. Sirva as tortinhas acompanhadas de sorvete de creme, creme de baunilha ou chantili.

acompanhamentos

Suas tortas caseiras vão ficar ainda mais apetitosas se forem servidas com acompanhamentos simples. Purê cremoso de batata, molho escuro (gravy) e purê de ervilha são os complementos perfeitos para as tortas salgadas. Já uma torta de maçã só precisa de creme de baunilha morninho como acompanhamento. Se você dedicou tanto tempo para fazer uma torta caseira, reserve mais uns minutos para preparar alguma dessas receitas.

purê de ervilha

O purê de ervilha, meu favorito, é tradicionalmente servido com *fish and chips* (peixe e fritas). Durante minhas pesquisas, descobri que ele é o acompanhamento perfeito para as tortas salgadas, sendo ideal tanto para tortinhas como para aquelas com recheio sofisticado.

4 porções

225 g de ervilha seca · 1/2 colher (chá) de bicarbonato de sódio · 25 g de manteiga sem sal · sal e pimenta-do-reino moída na hora

Coloque a ervilha em uma tigela grande com o bicarbonato de sódio, cubra com água e deixe de molho por uma noite (ou, no mínimo, por 4 horas).

Escorra a ervilha e lave-a bem sobre uma peneira em água corrente. Cozinhe em uma panela com água fria por 1-1h30, mexendo de vez em quando, até a ervilha se desmanchar.

Se ela parecer úmida demais, mantenha-a em fogo baixo até que o excesso de água evapore, mexendo sem parar e tomando o cuidado de não queimá-la.

Adicione a manteiga, o sal e a pimenta-do-reino moída na hora e misture vigorosamente.

purê de batata

É fundamental servir tortas com recheio de carne acompanhadas de purê de batata, já que ele absorve os sucos do cozimento que escorrem pelo prato. Você não precisa complicar: um purê simples – feito com batata farinhenta para obter consistência cremosa – é mais que suficiente.

4 porções

1 kg de batata grande descascada e cortada em quatro · uma boa pitada de sal e pimenta-do--reino moída na hora · 50 g de manteiga · 150 ml de leite quente

Lave a batata em água corrente.

Transfira-a para uma panela grande, acrescente uma boa pitada de sal e cubra com água fria. Leve ao fogo, deixe levantar fervura e cozinhe por 15 minutos, até a batata ficar macia. Tente não cozinhá-la demais, do contrário ela ficará encharcada e perderá sabor e consistência.

Escorra bem, recoloque a batata em fogo baixo e aqueça por 1-2 minutos, para secá-la um pouco. Amasse bem, junte a manteiga, depois o leite quente até obter um purê cremoso e liso. Acerte o sal e acrescente uma pitada generosa de pimenta-do-reino moída na hora.

molho gravy

O tradicional gravy é o acompanhamento perfeito para tortas recheadas de carne, como a de carne e batata (p. 40) e a escocesa (p. 112). Sei que é tentador utilizar um produto industrializado, mas nada se compara ao molho caseiro, com qualidade à altura das tortas feitas com tanto capricho. Esse molho é simples de fazer e tem sabor especial.

rende 450 ml

2 colheres (sopa) de óleo vegetal · 500 g de uma mistura de cebola, aipo, cenoura e alho-poró cortados em cubos · 2 dentes de alho descascados e picados finamente · 2 colheres (chá) de farinha de trigo · 150 ml de vinho tinto · 400 ml de caldo de frango, carne ou cordeiro · sal e pimenta-do-reino moída na hora

Aqueça o óleo em uma panela grande em fogo médio, adicione os legumes e refogue por 30 minutos, aproximadamente, mexendo de vez em quando, até que dourem (isso dará cor e sabor ao molho). Junte o alho e refogue por mais 5 minutos. Adicione a farinha e despeje, aos poucos, o vinho tinto. Apure por mais alguns minutos, até o molho começar a engrossar. Despeje o caldo em duas ou três levas, tempere com sal e pimenta-do-reino e deixe ferver em fogo baixo por 5 minutos.

Peneire o caldo, apertando os legumes contra a peneira para extrair o máximo possível, pois seu sabor está concentrado nos legumes.

Recoloque o molho na panela e deixe ferver em fogo baixo por 10 minutos, até reduzir o líquido e ficar liso e brilhante. Verifique e acerte o tempero, se necessário.

creme de baunilha

O melhor acompanhamento para tortas de fruta é creme de baunilha (creme inglês) caseiro. Ele ficará muito menos brilhante do que as versões industrializadas, mas seu sabor é infinitamente superior! Essa receita é para aqueles que gostam de caprichar.

rende 600 ml

600 ml de leite integral · 1 fava de baunilha cortada ao meio longitudinalmente · 4 gemas · 50 g de açúcar · 4 colheres (chá) de maisena

Coloque o leite e a fava de baunilha em uma panela com fundo grosso e leve ao fogo médio-baixo. Quando o leite aquecer, reserve-o por 20 minutos para aromatizá-lo. Você também pode bater o leite com um batedor manual para soltar as sementes da fava.

Junte as gemas, o açúcar e a maisena em uma tigela e bata até ficar homogêneo.

Retire a fava de baunilha do leite (lave-a e deixe secar para reutilizá-la) e despeje o leite sobre o creme de gemas, mexendo sem parar. Transfira a mistura de leite e ovos para a panela e cozinhe em fogo muito baixo por 8-10 minutos, até engrossar, mas sem deixar ferver.

Caso o creme talhe, tente salvá-lo batendo no liquidificador, até ficar liso novamente.

Sirva porções generosas de creme sobre sua torta de fruta.

índice

abóbora
torta de abóbora 169
torta de cordeiro, abóbora e hortelã 40-1
abobrinha
torta piquenique de legumes e arroz 61
água quente, massa de 21, 108
guia de solução de problemas 23
alho
pastel folhado de queijo de cabra, alho assado e batata-doce 95
alho-poró
torta de frango, alho-poró e estragão 54
torta de presunto, alho-poró e sidra 72
amaretto, licor
torta de damasco, pêssego e amaretto 162
amêndoa, farinha de
torta bakewell 145
torta folhada de pera e frangipane 136
amora
torta de maçã e amora 152
arroz
torta piquenique de legumes e arroz 61
aspargo, enrolado de 94
assadeiras13

bacon
quiche coberta de carne de porco, queijo e bacon 44
torta de cebola, queijo e bacon 65
bakewell, torta 145
Barney, torta fácil de carne do 105-7
batata
massa de batata 20
pastel da Cornualha 84-5
pastel masala 82-3
purê de batata 184
torta de carne e batata 37
batata-doce
pastel folhado de queijo de cabra, alho assado e batata-doce 95
baunilha, creme de 187

calvados
tortinha de maçã ao calvados 138-9
camarão
tortinha de salmão, camarão e ervas frescas 89
caranguejo
tortinha de vieira, caranguejo e pimenta-de-caiena 99
carne
empanada 96
filé à Wellington 48
pastel da Cornualha 84-5
torta de carne e batata 37
torta de carne e cerveja 36
torta de carne e ostra 31
torta de carne e rim 30-1
torta fácil de carne do Barney 105-7
carne de caça
torta alta de carne de caça 113-4
torta de carne de caça com molho de cranberry 130-1
torta de carne de caça, tomilho, mostarda e echalota 34-5
carne moída
mince pie de frutas secas e uísque 170
cavalinha
torta stargazy 64
cebola
torta de cebola, queijo e bacon 65
cebolinha
pastel masala 82-3
torta de queijo e cebolinha 68-9
cerveja
torta de carne e cerveja 36
chaminé para tortas 13
chocolate
pera crocante com chocolate e amêndoas 135
torta de chocolate e pistache 159
torta de pecã e chocolate 141
chorizo
torta espanhola de chorizo e pimentão 58-9
cobertura de fubá 32
coco
torta de creme de coco e framboesa 161
coelho
torta de carne de coelho e cobertura de fubá 32
cogumelo
tortinha de frango e cogumelo 76-7
conservação 9
cordeiro
cordeiro en croûte 91
torta de canela de cordeiro 28-9
torta de cordeiro, abóbora e hortelã 40-1
torta escocesa 102-3
Cornualha, pastel da 84-5
cranberry
torta de carne de caça com molho de cranberry 130-1
cream cheese
enrolado de aspargo 94
creme de baunilha 187
creme de limão
tortinha de creme de limão e geleia 164

damasco
torta de damasco, pêssego e amaretto 162
defumado, peixe
torta de peixe defumado e sidra 67
tortinha de salmão, camarão e ervas frescas 89

eccles, bolinho 147
echalota
torta de carne de caça, tomilho, mostarda e echalota 34-5
empanada 96
enguia 51

erva-doce
folhadinho de gruyère e erva-doce 90
ervas
tortinha de salmão, camarão e ervas frescas 89
ervilha
purê de ervilha 182-4
escocesa, torta 102-3
especiais, tortas 108-31
espinafre
torta grega de espinafre 57
torta piquenique de legumes e arroz 61
estragão
torta de frango, alho-poró e estragão 54

faisão
torta de carne de caça, tomilho, mostarda e echalota 34-5
farinha 12
farinha de amêndoa
torta bakewell 145
torta folhada de pera e frangipane 136
feijão em pasta
torta de carne picante com cobertura de fubá 71
fidget, torta 70
folhada, massa 18, 19
guia de solução de problemas 23
fôrmas caneladas fundas 13
framboesa
torta de creme de coco e framboesa 161
frango
torta de frango, alho-poró e estragão 54
torta de frango, limão e orégano na frigideira 56
tortinha de frango e cogumelo 76-7
frutas secas
bolinho eccles 147
mince pie de frutas secas e uísque 170
frutas vermelhas
torta de frutas vermelhas com massa de limão 156
fubá
torta de carne picante com cobertura de fubá 71

geleia
tortinha de creme de limão e geleia 164
glúten 12
gordura 10, 12
gravy, molho 185
groselha-espinhosa
torta de groselha-espinhosa 128

hadoque
torta de peixe defumado e sidra 67
história 8-9
hortelã
torta de cordeiro, abóbora e hortelã 40-1

legumes
torta piquenique de legumes e arroz 61
limão
tortinha de creme de limão e geleia 164
limão, massa de
torta de frutas vermelhas com massa de limão 156
linguiça
rolinho de linguiça 86-7
torta de linguiça, maçã e sálvia 46-7
torta espanhola de chorizo e pimentão 58-9
lojas de tortas e purês 51-2

maçã
torta de linguiça, maçã e sálvia 46-7
torta de maçã com massa de queijo 154-5
torta de maçã e amora 152
torta fidget 70
tortinha de maçã ao calvados 138-9
manteiga clarificada 9
massa
gordura usada em 10, 12
guia de solução de problemas 23
ingredientes 12
pesos e medidas 14
preparo 10-3
tipos
cobertura de fubá 32
de água quente 21, 108
de batata 20
de fubá 71
de limão 166
de queijo 17
folhada 18, 19
folhada rústica 18, 20
integral 20-1
podre 13, 15
podre especial 16-7
sem glúten 22
semifolhada 19
semifolhada rápida 19
usada como recipiente 8
melado
torta de melado da sra. White 149
Melton Mowbray
torta Melton Mowbray de carne de porco 117-8
molho de salsa 52
morango
cobbler de morango e ruibarbo 157
mostarda
torta de carne de caça, tomilho, mostarda e echalota 34-5
Mrs King's, tortas de porco da 124-7

noz-pecã
torta de pecã e chocolate 141

orégano
torta de frango, limão e orégano na frigideira 56

ostra
torta de carne e ostra 31
ovo
creme de baunilha 187
para massa 12
quiche coberta de carne de porco, queijo e bacon 44

pancetta
tortinha de carne de porco e pancetta 78
pastel masala 82-3
peixe
torta alta de peixe 115
torta de peixe defumado e sidra 67
torta russa de peixe 50
torta stargazy 64
tortinha de salmão, camarão e ervas frescas 89
peixe defumado
torta de peixe defumado e sidra 67
pera
pera crocante com chocolate e amêndoas 135
torta folhada de pera e frangipane 136
pêssego
torta de damasco, pêssego e amaretto 162
pimenta verde
pastel masala 82-3
pimentão
empanada 96
torta espanhola de chorizo e pimentão 58-9
pistache
torta de chocolate e pistache 159
porco
torta Melton Mowbray de carne de porco 117-8, 124, 131
tortas de porco da Mrs King's 124-7
tortinha de carne de porco e pancetta 78
presunto
torta de presunto, alho-poró e sidra 72
torta alta de vitela e presunto 122-3
presunto defumado
torta fidget 70
purê
purê de batata 184
purê de ervilha 182-4

queijo
enrolado de aspargo 94
folhadinho de gruyère e erva-doce 9
pastel folhado de queijo de cabra, alho assado e batata-doce 95
torta de cebola, queijo e bacon 65
torta de queijo e cebolinha 68-9
torta fácil de carne do Barney 105-7
torta grega de espinafre 57
tortinha Yorkshire 166
queijo, massa de 17
torta de maçã com massa de queijo 154-5

rim suíno
torta de carne e rim 30-1
rolo de macarrão 13
ruibarbo
cobbler de morango e ruibarbo 157

salmão
torta alta de peixe 115
torta russa de peixe 50
tortinha de salmão, camarão e ervas frescas 89
salsa, molho de 52
sálvia
torta de linguiça, maçã e sálvia 46-7
sidra
torta de peixe defumado e sidra 67
torta de presunto, alho-poró e sidra 72
stargazy, torta 64

tomilho
torta de carne de caça, tomilho, mostarda e echalota 34-5
tortas
altas 120-1
doces 132-80
especiais 108-31
salgadas 26-73
tortinhas e petiscos 74-107

uísque
mince pie de frutas secas e uísque 170
uva-passa
bolinho eccles 147

vieira
tortinha de vieira, caranguejo e pimenta-de-caiena 99
vitela
torta alta de vitela e presunto 122-3

Yorkshire, tortinha 166

agradecimentos

Foram muitas as pessoas maravilhosas que conhecemos, nos ajudaram e nos inspiraram ao longo da longa jornada até este livro. Por isso, gostaríamos de agradecer calorosamente a todas – em especial a querida Anna, da Cassell Illustrated, por acreditar neste projeto e nos deixar avançar! Sarah Dalkin, como agradecer você, que ficou do nosso lado o tempo todo? Helen Trent, obrigado por nos deixar entrar em sua tenda mágica de adereços. E a todas as pessoas incríveis, os produtores e os apaixonados por tortas que conhecemos e contribuíram para nossa pesquisa: Andrew e Luke, da Pokeno Pies, em Brighton – vocês fazem as melhores tortas do mundo; Ian e Paul, do Mrs. King Pork Pie, e sua inigualável torta Melton Mowbray; William Rose, nosso maravilhoso açougueiro em East Dulwich; o pessoal da M. Manze, na Tower Bridge Road, em Londres – lhes faremos muitas visitas; o poderoso time dos Grimsby Mariners e Matty, que permitiram nosso acesso ao mundo do futebol e das tortas; e, finalmente, a empresa Typhoon, por nos fornecer as fôrmas e pratos de torta mais lindos do mundo (www.typhooneurope.com).

Agradecimentos da Angela
Eu não teria conseguido preparar tantas tortas sem a ajuda e o humor da Jules – muito obrigada, você manteve a alegria, mesmo afundada em massa. Meus agradecimentos carinhosos a David Herbert por seus valiosos conselhos, seu apoio e seu incentivo – e por sua linda coleção de chaminés para torta. Jenny e Silvana, vocês são as melhores amigas que eu poderia ter na vida. Queria também agradecer imensamente ao sr. James Fisher pela ajuda, pelos conselhos e pelos contatos. Por último, inúmeros agradecimentos à Vanessa, por ter estado do meu lado o tempo todo e por ter dividido comigo sua experiência em tortas.

Quem comeu todas essas tortas?
Dis e Alison, obrigada por terem comido minhas tortas, pelos elogios e pelos pratos devolvidos limpinhos; Col e Robert, é uma alegria preparar tortas para glutões tão simpáticos como vocês; Jonathen e Penny, agradeço a vocês pela grande perseverança e por terem aberto meu caminho com tanto vigor; Gareth e Ruth, sua paixão por tortas foi uma inspiração constante ao longo da produção deste livro.

Agradecimentos da Vanessa
Agradeço a Jamie, Luke e Rosie pela paciência ao tirarem tantas fotos de tantas tortas. Obrigada, Craig, por ter me deixado acompanhá-lo em seu trabalho, permitindo inclusive que eu fizesse alguns cliques. E, sobretudo, eu gostaria de agradecer à Angela, que me disse: "Nessa, tenho esta ideia, o que você acha?" – eu mal sabia a que caminho maravilhoso essa pergunta ia nos levar.

MADE IN
ITALY